Kohlhammer

Elmar Salmann
Joachim Hake (Hrsg.)

Die Vernunft ins Gebet nehmen

Philosophisch-theologische Betrachtungen

Mit Beiträgen von
Elmar Salmann, Hans Jürgen Luibl
Gotthard Fuchs, Joachim Hake

Verlag W. Kohlhammer

Die Deutsche Bibliothek – CIP-Einheitsaufnahme

Salmann, Elmar:
Die Vernunft ins Gebet nehmen : philosophisch-theologische Betrachtungen / Elmar Salmann ; Joachim Hake. Hrsg.: Elmar Salmann. - 1. Aufl.. – Stuttgart ; Berlin ; Köln : Kohlhammer, 2000
ISBN 3-17-016611-5

Stuttgart Berlin Köln
Verlagsort: Stuttgart
Umschlag: Data Images GmbH
Gesamtherstellung:
W. Kohlhammer Druckerei GmbH + Co. Stuttgart
Printed in Germany

Inhaltsverzeichnis

Vorwort

arrest

der pfarrer
schloß mich ein
in sein gebet

wie komme ich da
wieder raus[1]

Zweifellos ist das Gebet kein philosophischer Begriff und Philosophie kein Gebet, und doch waren Philosophen von Platon über Nietzsche bis Derrida immer wieder vom Gebet fasziniert, angezogen und herausgefordert. Philosophen haben über das Gebet nachgedacht, es geschätzt und geachtet, ihre Überlegungen Meditationen genannt (Descartes) und es sogar in der Phase der philosophischen Religionskritik gewürdigt, als sie es als frommen Schein und abergläubischen Wahn zu durchschauen suchten. Kant, der im kirchlichen Gebet nichts als „abergläubischen Wahn" erkennen wollte, schätzte das private Gebet als moralische Besinnung und als wichtigen Grenzvollzug der Vernunft. Und selbst Nietzsche rühmte – trotz seiner Kritik an der Religion überhaupt – am Gebet dessen zarte Gelassenheit und aristokratisch-heitere Freiheit vom Weltbetrieb.

Die frommen Beter ihrerseits tun sich meist schwer, das Gebet zum Gegenstand der Reflexion und des Nachdenkens zu machen. Ihnen ist das Gebet das Innigste und Persönlichste, das es in der Religion gibt, geschützt durch eine ängstliche und aufmerksame Scham, die die Öffentlichkeit und das helle Licht der Vernunft scheut. Mit Kierkegaard scheinen sie fast Kant rechtgeben zu wollen, indem sie fragen: „Ist das Gebet nicht etwas ‚so Heimliches', daß man wie ein junges Mädchen errötet, wenn uns einer beim Beten überrascht?" Und doch haben die großen Beter von Jesus bis Ignatius das Beten gelehrt und diesen Akt menschlicher Freiheit bedacht und analysiert: so Augustinus, Thomas von Aquin, Johannes vom Kreuz oder Romano Guardini.

---

1 Dieter Fringeli, Ohnmachtwechsel und andere Gedichte aus 20 Jahren, Zürich 1981, S. 61.

Wie nun mag sich das Verhältnis von Gebet und Vernunft gestalten? Da wird einmal das Gebet die Vernunft – eben ins Gebet nehmen. Nicht in jenem polemischen oder überwältigenden und beherrschenden Sinne, wie es das bekannte geflügelte Wort[2] nahelegt, sondern so, daß hier das Denken selbst seiner eigenen Endlichkeit, Bedingtheit, Zufälligkeit, aber auch seiner Herkünftigkeit und Hoffnungen inne wird. Das Gebet selbst gibt demnach der Vernunft zu denken, öffnet, ermutigt, zügelt sie zugleich, wenn sie zu eilfertig oder zu lahm erscheint, wie der eiserne Querriegel des Zaumzeugs dem ungestümen Drang Widerstand leistet oder der Trägheit des Pferdes aufhilft. Gebet kritisiert so eine allzu selbstgewisse und animiert eine sich auf sich selbst beschränkende Vernunft, hilft dieser also, auf menschliche Weise vernünftig zu sein; es weist sie gegen ihre Tendenz zur Selbstideologisierung in ihre Begrenztheit und angesichts ihrer drohenden Borniertheit in ihre Weite ein.

Angesichts eines solchermaßen verstandenen Gebets werden die Philosophen gut daran tun, mit der Vernunft ernst zu machen. Wer recht und ernst über sich, die Welt und vielleicht Gott nachdenkt, kommt fast zwingend in jenen Sog radikaler und ursprünglicher Reflexion, die den Grund des Denkens, seine Unabschließbarkeit und Offenheit berührt. Er kommt mithin an jenen Punkt, wo dieses Denken an der Grenze sich ins Gebet wandeln könnte. Zugleich nimmt eine solche Vernunft nun ihrerseits das Gebet – ins Gebet. Sie bewahrt es davor, zu stumpfem Aberglauben, Magie und Plappern zu verkommen, den Horizont der eigenen Frömmigkeit schon mit der Gegenwart Gottes zu verwechseln. Vernünftiges Nachdenken über Gott, Welt und Mensch, Selbst und Freiheit gibt dem Gebet seine nüchterne Würde, seinen Realitätssinn, seine Spannkraft und ermächtigt es zur Selbstkritik.

Elmar Salmann *Joachim Hake*

---

2 „Die Wendung *ins Gebet nehmen* ‚scharf zurechtweisen' kann dem Sinn nach kaum das gleiche Wort (sc. das Gebet als Bitt/Gebet) sein. Ansprechend ist die Vermutung, daß es sich um ndd. *gebet (t)* ‚Gebiß' handelt, d.h. der eiserne Querriegel im Maul des Pferdes, mit dem dieses gezügelt wird" (Kluge, Friedrich, Etymologisches Wörterbuch der deutschen Sprache. Bearbeitet von Elmar Seebold, 23. Auflage, Berlin – New York 1995).

Denken und Beten

Zwei Urgebärden des Geistes

Elmar Salmann

1. Die Konstellation: Denken und Beten als Gedanke

Denken und Beten, zwei Verben, zwei elementare Vollzüge, Prozesse, Gebärden, die uns im banalen Alltag selbstverständlich und doch entlegen und abstrakt, ja unwirklich erscheinen und denen wir erst recht keine Aufmerksamkeit widmen; sie kommen allenfalls vor, aber wehe dem, der sich auf sie zurückbeugte, ihnen nachginge, sie als solche wahrnähme: hätte ein solcher nicht schon gegen ihre spontane und bescheiden-dienstbare Gegenwart gesündigt, sie beschädigt, auf sich selbst hin zurückgebogen? Und doch, der Mensch kann und soll sich wohl auch auf sich selbst, sein Tun besinnen, es vor sein geistiges Auge treten lassen, dem Elementaren sein Ohr, sein Herz, aber auch sein kritisches Unterscheidungsvermögen zuwenden, das Denken ins Gebet nehmen, das Gebet bedenken: sind sie auf der Höhe ihrer selbst, was ist das – denken, beten? Sind beide wahr, legitim, hilfreich, oder wären sie nicht besser dem anonymen Lebensstrom zu überlassen?
Zwei Urgebärden des Geistes, Weisen sich und die Welt wahrzunehmen, ihnen ihre Wahrheit zukommen zu lassen und zuzumessen, Geist, Welt, Leben zu verwirklichen (realize); bisweilen wird man sich von ihnen distanzieren, ihnen den Prozeß machen, sie beurteilen müssen. Damit sind wir schon bei einer merkwürdigen Doppelheit beider: sie sind einerseits selbstverständlicher Vollzug des Selbstverständlichen, dessen, was uns am nächsten ist: Welt, Geist, Wahrheit. Wie anders sollten wir das Leben vollziehen, wahrnehmen, bedenken, verwirklichen, wenn nicht eben denkend? Da ist nichts Abstraktes, Abgehobenes, vielmehr kann der Mensch sich gar nicht anders denken als denkend, bedenkend, bit-

tend, dankend, klagend, lobend, reflektierend. Anderseits treten Denken und Beten aber auch zu alldem, ja zu sich selbst in eine unterscheidende Ferne; im Denken ur-teilt der Denker über die Wirklichkeit, die er vollzieht, gar über sein Denken selber; und das Gebet ist ohnehin, bei aller Intimität des Bei-sich-Seins, der Welt und dem Beter schon überlegen, richtet über sie, entführt sie gar in Gegenden, wohin sie sich nie verirrt hätten. Und endlich stehen sie auch gegeneinander, helfen einander auf, um doch wieder zueinander zu finden. Beten und Denken, das Eine im Anderen, sie können einander nicht entkommen und müssen sich doch beäugen.

Da ist einmal das Denken: wir können nie hinter es zurückgehen, kommen nicht ‚dahinter', hinter sein Geheimnis, denn all das müßte ja doch wieder denkend, im Denken geschehen. Es ist unsere Weise, das Leben ‚wahrzunehmen' (als Wirklichkeit und günstige Gelegenheit), es zu heben, zu begleiten, zu verstehen und gar zu ergreifen. Es gibt kein nicht bedacht-reflektiertes ‚reines, unschuldiges' Leben, Denken ist Teil und Integral des Lebens selbst. Und doch wie doppelbödig, widersprüchlich, flach, dumm, verzerrt und kompliziert kann es sein. Oft ist es weder bei sich noch bei der Wirklichkeit, es macht sich irgendwelche Gedanken, spielt mit sich selbst, kombiniert Unvereinbares – und weiß das alles genial und abgefeimt zu rechtfertigen. Endlich wirft es sich gar zur alles beherrschenden Vernunft auf, die dann, als solche Ideologie, gegen die Frische und Freiheit des Denkens sündigt. Die Welt wird ihm zum Akkusativ, zum Objekt, zum Angeklagten und abstrakten Schema, unwirklich und vorhanden, dem Zugriff des Begriffs ausgeliefert. Ein solches Denken konzipiert (d.h. nach der lat.-ital.Urbedeutung: empfangend-gebären, auszeugen, bezeugen, vorsichtig entwerfen) die Welt nicht, sondern unterwirft sie sich. In Maßen mag das notwendig und heilsam sein, und doch ist jener alles in sich aufhebende Be-griff nicht der glücklichste Griff hegelschen Denkens gewesen. Hat es sich nicht gerade hier an sich selbst überhoben?

Da mag das Gebet vorsichtig dem Denken aufhelfen, es sanft und unerbittlich korrigieren. Es er-innert das Denken daran, daß es nie bei sich, beim Nullpunkt anfängt und erst recht nicht endet; nie kommt ihm das

Julius Bissier: *Haus und Baum,* 1947
Julius Bissier: *Komposition,* 1949

erste oder letzte Wort zu, vielmehr ist es sich selbst vorausgesetzt, es kann und muß Welt und Wahrheit bedenken, ist ihnen verpflichtet, wird von ihnen gemessen. Es weiß sich vor einer Instanz, dem Blick der Anderen, der Eigendynamik der Welt und endlich der unausschöpflichen Weite seiner selbst. Denken weiß sich gerichtet, indem es über alles urteilt. Nie kommt es mit sich zu Rande und kann/muß zugleich seiner Enge inne sein; denn immer muß es Vorgaben und Möglichkeiten, Widersprüchen und Fremdheiten standhalten, die ihm nie eingefallen wären. Und in all dem ist es sich selbst geboten und auferlegt und muß auf eine Versöhnung von Freiheit und Gebot, Wirklichkeit und Denken, erstem und letztem Wort, Selbstverständlichkeit und Entlegenheit seiner selbst ausgreifen, die es selbst nicht mehr begründen kann.
Da mag das Gebet als sein Zwilling auftreten, sich mit jenem Wort, Horizont, Gericht, mit jener Hoffnungsinstanz ins Benehmen setzen, die das Denken allererst begründet und hält. Da wandelt sich der Akkusativ in den Vokativ, in die Anrufung, die ‚invocazione creaturale'. Im Gebet sammelt sich das Denken, wird seiner eigenen Bedingtheit wie der Hoffnung inne, doch noch einmal sich selbst und die Welt verstehen, wenn auch nicht begreifen zu können. Es bekennt seine ihm auferlegte Sendung, aber auch seine Armut und Vorläufigkeit. Es erzählt seine Geschichte, die Verwebung von Leben und Tod, Leben, Tod und Verstehen, und zwar in einem Raum und vor einer Instanz, die all dies schon in sich beherbergt und aufgehoben hätte und die zuerst im Gebet, dann auch im Denken, schüchtern und hochgemut ‚Gott' geheißen wird. Von ihm her weiß das Denken sich verunsichert, verabgründet – und doch unabsehbar gegründet, gesollt, sich zugesagt.
Solches Beten ist sicher das Grundlegende und Offene des Denkens. Es tritt vor seinen Gott, weiß sich in ihm geborgen, preist die herrliche Übereinstimmung von Denken und Sein, Anfang und Ende, Ende und Erstehung; angesichts der bleibenden Distanz, ja des Bruchs der sich zwischen ihnen auftut, hadert es mit dem Ur-sprung des Lebens und des Geistes, klagt um die Unmöglichkeit der dem Menschen zugemuteten Existenz und Arbeit, erbittet eine Versöhnung, die kein Denken und Arbeiten sich je verschaffen könnten. An dieser Stelle sieht man freilich,

wie fährlich und gefährdet dieses Beten ist. Es ist eine Anrufung, die das Denken und Arbeiten voraussetzt und in eine Anheimgabe des eigenen Lebens mündet. Also kein billiger Anruf, keine Bemächtigung des Gottes, keine frevelmütige Bitte oder Klage. Allzuleicht koppelt sich das Beten vom Denken und Arbeiten ab, wird zum stumpfen Mechanismus, zum Aberglauben, zur Magie, zur heruntergeleierten Gewohnheit und sinkt so unter die Würde des Menschen und des Gottes, wird ihrer Freiheit und Notwendigkeit nicht gerecht, sondern beliebig und zwanghaft.
Da kann das Denken ihm zu Hilfe eilen; es wird kritisch sondern, besonnen nachdenken, von außen noch einmal auf das Gebet blicken, inwiefern es auf der Höhe seiner selbst, lebensdienlich und geistfreundlich ist, ob es also dem Menschen und Gott gerecht wird (denn solcher Gerechtigkeit, dem Sinn für die Proportionen, das Angemessene soll nach Thomas die ‚oratio' ja dienen). So sehr also ein aufrichtiges, hellsichtig-demütiges Gebet sich selbst unterscheidend im Blick behalten und die Vernunft kritisch auf ihre Bedingungen und Grenzen reflektieren wird, so sehr brauchen wohl beide Instanzen einander, um ihrer je eigenen und der gegenseitigen Verwirklichung willen.

2. Gebet als gefaßtes Leben: vom Denken zum Gebet

Nachdem wir die Konstellation, die wahlverwandte Nähe und kritische Gegenseitigkeit von Beten und Denken beschrieben haben, soll jetzt ihre Verwurzelung im Leben und ihre Genese bedacht sein.
– Da ist der Mensch einmal staunend seiner selbst inne. Das Leben gehört ihm nicht einfach, es ist ihm zugemutet, zugedacht, er ist mit ihm bedacht worden – um es seinerseits zu bedenken und lebbar zu halten, zu kultivieren. Gleich im ersten Augenblick ist es herrlich und schrecklich; selig fügt sich der Säugling in seinen Kreislauf, von dem er genährt, angestrahlt, beglückt wird; entsetzt muß er der Unzuverlässigkeit der Lebensquelle, der Seligkeit standhalten: so gibt er sich anheim und klagt schreiend eine Geborgenheit und Erfüllung ein, die ihm fürderhin nur als gestundete zuteil wird. Überschenkt und im Mangel, überfördert und

überfordert, zu viel an Schon, ein Unmaß an Noch-Nicht, dazwischen ist der Mensch ausgesetzt. Diese Ursituation verurteilt und begnadigt ihn zum Denken, Entscheiden, Beten: wem verdanke ich mein Sein, wem und was bin ich preisgegeben, wo ist die einstige und künftige Quelle meines Lebens, wie kann ich den staunenden Dank und die enttäuschte Klage so fassen, daß sie sich nicht gegen das Leben, sondern für es wenden? Nachdenken und Gebet, Innerlichkeit und Gestus wachsen da in derselben Ursituation zusammen, ja machen ihren Kern aus. Denken und Ritus begehen das Zugleich von Urverbundenheit und Trennung, Einheit und Scheidung, Selbigkeit und Andersheit, Ich und Du, Leben und Horizont, Quelle und Fluß, Eltern und Kind, Gott und Mensch, Fülle und Armut, Empfangen und Anheimgabe. Wer recht über sich nachdenkt, kommt leicht ins Grübeln und – wenigstens bis vor kurzer Zeit – noch eher ins Gebet: er dankt, lobt, klagt, schreit, erzählt, stellt anheim, empfängt das Leben und das Denken als Gnade, als Fluch, münzt es in eine Antwort um, die er einem Größeren schuldet und die ihn zugleich befreit, ihn zu Leben und Denken in freiende Distanz setzt, ihre Relativität begeht und sein lassen kann, auf daß sie wahr würden.

– Da ist der einsame, all-einige, von allen gesonderte und sich ausgesetzte Mensch, der recht von sich denken, sich entsprechen, sein Leben er-finden soll. Woher mögen ihm die Maßstäbe dazu kommen, wie kann er wissen, was ihm frommt? Denken ist nur als Gewissen wahr, als Wissen um sich selbst, die eigene Herkunft, die Bedingtheit des eigenen Lebens und Denkens, seine Grenzen und Chancen, die ‚mir' zugetraut oder verwehrt sind. Was mag von dem, was ich tue und sage, gedeckt sein, was der Wirklichkeit entsprechen? Wir wissen es meist nur bruchstückhaft, und doch hängen Lauterkeit und Wirklichkeit eines Lebens und Denkens daran, daß man – eben doch darum weiß. Das mag einstweilen resigniert oder hochfahrend geschehen – und doch war bis vor wenigen Generationen die Bildung eines Gewissens an das Gebet gebunden, an das ehrfürchtige Wissen um das Vorgegebene und Mögliche, das Gesollte und Gemeinte. Wie nun, wenn ein Leben im jenem Gebet wahr würde, das vor Gott bedächte, was ‚an ihm dran ist', was ich wirklich weiß und sagen will, was meine Bestimmung, meine Stelle sein könnte, wie ich antworten soll und kann auf die Herausforderungen der Existenz, und wo – die erste und letzte Frage – mein Können, Sollen und Dürfen, also Vermögen, Pflicht und Gnade zusammenträfen: denn an deren Kreuzpunkt erst wird ein Leben zur Gestalt, stellt es nicht nur etwas, sondern seine Wahrheit dar. Im Gebet würde Leben gefaßt, wie ein im Bergwerk lang geschundenes Kohlestück erst langsam ans Tageslicht befördert, gereinigt, beleuchtet, eingefaßt und so zum Diamanten wird. Es braucht ein ganzes Leben dazu, bis man das ‚Zeitliche segnen' und endgültig vor Gott darstellen darf. Und da hätten auch die Risse und Einschlüsse, all das Unreine, das Ungelebte und Ungeliebte Raum, so es nur wahrhaft einbekannt und der Hand des ewigen Juweliers oder (so ein anderes Bild, von Emil Nolde gemalt und nahegelegt) des ‚Großen Gärtners' übereignet würde. Im Gebet vermißt der Mensch die Räume seines Innen, seine Widersprüche, sein Schon und Noch-Nicht, sein Nicht-Mehr und Dennoch, die Differenz von Sein und Schein, Sein und Sage, Unwissen und Wort; in ihm kann er seine (Un)möglichkeit bewohnen, sich (zu) ihr stellen, sie lassen.

– Der Mensch ist angewiesen auf den Anderen, zu dem er spricht und von dem er angegangen wird. Da ist es einerseits ganz selbstverständlich, sich zu verständigen; das tägliche Gewäsch geht uns leicht von Herz, Mund und Hand, es verbindet uns mit dem Lebensstrom, ist (zusammen mit allen möglichen Projektionen) das Gleitöl funktionierenden Lebens. Meistens ist das, was wir einander an Wort und Gabe gönnen, wohl recht und irgendwie richtig, aber nur halbwahr; es stimmt weder ganz zu mir noch zum Anderen, trifft die Situation nur halberlei, wird ihr nur selten wirklich gerecht. Wir überdecken einander mit unserem Geschwätz und Agieren. Wie kommt es nun dazu, so zu sprechen und zu handeln, daß jeder in seine Wahrheit kommt, demnach ein gemäßes Verhältnis zu sich, zum Anderen und zur Sache, gar zur gemeinsamen Welt gewänne? Da wäre es womöglich hilfreich, wenn nicht gar ontologisch geboten, sich dessen zu entsinnen, daß der Andere und die ‚Welt', Sprache wie Wirklichkeit, sich demselben Wort, dem ‚alleinigen' Geist verdanken und sich vor derselben Instanz wissen: je-der ist sich von dorther zugesprochen, zu sich und zur Wahrheit verpflichtet; es ist da eine vorgängige Verbundenheit, eine staunenswerte Möglichkeit des Verstehens, des Ein-ander, das zugleich die jeweilige Einmaligkeit wie das mögliche Einverständnis gewährt, garantiert und gegen alle Tendenz zu schuldhafter Vereinseitigung einklagt. Im Gebet wird diese Wirklichkeit von Wort, Geist, Gericht, Gnade wahrgenommen und ins Leben hineingespiegelt. Von ihm her wissen wir uns begnadigt (wir können der Wirklichkeit und dem Anderen gerecht werden); wir sehen, wie sehr wir schon verbunden und zugleich verschieden sind, wie sehr je-der das entscheidende Wort Gottes an sich selbst ist und deshalb sein Leben ausbuchstabieren muß, und wie wir dabei einander beistehen können und müssen. Gebet ist Einweisung in eine solche Verbundenheit und wird in ein gelöstes Bedenken der Lebenslinie des Anderen vor Gott, seiner Stärken und Schwächen, seines Glanzes und Leides und endlich in eine Fürbitte münden, die mich und den Anderen vor diesem Gott frei- und aushält. Gebet ist Gebot, zugleich Ermöglichung, Angebot und innere wie soziale Verpflichtung, Vollzug eines ontologischen wie transzendentalen ‚Grundrhythmus', der der Praxis der Erkenntnis und ihren geschichtlichen wie geistigen Bedingungen der Möglichkeit entspricht.

– Solche Verständigung zwischen Mensch und Welt, Ich und Du ist stets ein leiblicher und sprachlicher Gestus, an die Sphäre der Zwischenleiblichkeit und der vorgegebenen und doch immer neu zu erfindenden Sprache gebunden. Da ist alle Last und aller Segen der Tradition, der rituellen und verinnerlichten Schematismen, die sich im Dunkel der Vorzeit verlieren und doch den größten Teil unserer Reaktionsmuster prägen. Und was wären wir ohne solche Vor-gaben? In Denken und Gebet werden Gestus und Sprache bedacht, als Segen anerkannt und übernommen und darin stets erneuert. Wenn es glückt, entsteht aus dem Zusammen von Empfang, Kritik und schöpferischer Wandlung von Leib und Geist, Tradition und Freiheit, Sprache und Gestus so etwas wie ein Stil, jene einmalige und doch bleibende Prägung eines Menschen, einer Gesellschaft, einer Kultur, in der Himmel und Erde, Arbeit und Gnade, Verehrung des Heiligen und Zuwendung zum Nächsten sich bedingen. Aus Ritus, Gesang, Mystik und Kult haben sich Theater, Sprache, kultivierte Formen des Miteinander entwickelt, und ganz kann man sich immer noch nicht vorstellen, daß sie der Begleitung durch Gebet und Denken entraten könnten.

– Endlich ist Denken und Leben offen nach hinten und vorn, oben und unten, verdankt sich unermeßlichen Zeiten und bleibt doch unabschließbar. Da gibt es kein letztes Wort über ein Leben oder Denken, immer ist der Himmel weiter gespannt als jede Ideologie oder Weisheit, und beide nähren sich aus Urtiefen, Bildern und Ahnungen, die unauslotbar bleiben. Gebet hält da den Menschen nach allen Seiten offen, läßt ihn sich diesen unvordenklichen Dimensionen anvertrauen, weil in ihnen nicht nur ein anonymes Geschick waltet, sondern man sich von und vor einem fernen Antlitz empfängt und wahr-nimmt. Gebet ist Wandlung der Vergangenheit (aus Trauma oder Nostalgie in nüchterne Empfänglichkeit und Gleichzeitigkeit), Zukunft (aus Angst oder Planungshysterie in freie Entgegenkunft); selbst der Gipfel der Freiheit ist doch nur Scheitelpunkt einer Parabel, die sich ins Ungemessene öffnet, die Tiefe der Seele weder schreckend noch betörend, weil auch dort der Logos oder Geist wartet. Und selbst das Denken, das scheinbar so kühne, autonome, muß betend der Bedingungen seines Denken-könnens und -müssens eingedenk sein.

3. Der Knoten: Abgründiges Denken

Anselm von Canterbury (1033–1109) hat diese unheimliche Herkünftigkeit und Höhe des Denkens in eine berühmte Formel gefaßt: Wir glauben, daß Du etwas bist, über das hinaus nichts Größeres gedacht werden kann (credimus te esse aliquid quo nihil maius cogitari possit). So im Gottesbeweis des ‚Proslogion', in dem sich Denken und Anrufung, Reflexion und Anheimgabe eigentümlich kreuzen, weil der Urgrund des Denkens sich immer noch als größer, umfänglicher als alle Reflexion erweist. Da ist zunächst der Auftakt des Glaubens, der einen langen Weg der Erkenntnis der Grenzen und der Möglichkeiten des Denkens, seines Stolzes wie seiner Verblendung und Dummheit voraussetzt, die frei einbekannt werden müssen (Prosl.1). Sodann das kühne ‚Du': das göttliche

Geheimnis, das zunächst (im Monologion) als Superlativ, als Maximum, aufleuchtete, klärt sich nach und nach, in mühsamem Denken, Beten und inmitten des Scheiterns und Glückens einer Geschichte als personales, das gleichwohl ein ‚etwas', etwas entlegen Objektives ist, ein Sein, das präzis zu denken bleibt. Dieses Sein ist der Raum und das Prinzip allen Denkens und Betens (quo), ihr höchster Gipfel- und Vergleichspunkt, aber mehr noch ihre Herkunft und Maßgabe, ihr Horizont und Stachel, das alle Vernunft zur Verneinung (nihil) und Überbietung (maius) jeglichen Erkennens treibt und endlich ihr Integral, den Garanten ihres Denkens (cogitare, nicht intelligere) denken läßt: dieser ‚Deus' muß real und nicht nur im Denken existieren, wenn anders die Vernunft nicht sich selbst und den bisher gegangenen Weg leugnen und verunmöglichen will. Das Denken ist es sich selbst, dem eigenen Wirklichkeitsgehalt und seiner inneren Dynamik schuldig, daß es dem In- und Urbild der Versöhnung von Sein und Denken huldigt, sich ihm ergibt und zugleich dessen Gegenwart in sich selbst erschaut. Je mehr ein Mensch in sich einkehrt, desto bodenloser und weiter wird ihm sein Ich; es mag sich nur vor und in einem Gott reflektieren, der seinerseits nicht anonym, sondern bei sich selbst denkend zu Hause ist und deshalb auch dem Menschen gutwill.

Descartes hat denselben Gedanken an der Schwelle zur Neuzeit gefaßt. An der Nahtstelle zwischen der III. und IV. Meditation, dem Übergang vom Erweis der Existenz Gottes zur Bewahrheitung und Ausfaltung seiner Gegenwart, heißt es: „Indem ich mein Augenmerk auf mich selbst richte, sehe ich nicht nur ein, daß ich ein unvollständiges, von einem anderen abhängiges Wesen bin, ein Wesen, das nach Größerem und Größerem oder nach Besserem ohne Ende strebt, sondern zugleich auch, daß der, von dem ich abhänge, dieses Größere nicht nur endlos fortschreitend und als bloße Möglichkeit, sondern wirklich unendlich in sich befaßt – und also Gott ist", der wahrhaft in Gedanken „berührt", geschaut wird und den wir bewundern und anbeten. Der Oratorianer Malebranche (1638–1715) hat diese Art der Aufmerksamkeit, die im reinen Gedanken des Seins und des Unendlichen unmittelbar die Gott-Gegenwart wahrnimmt und zugleich in diesem Gott die Ideen alles Endlichen, ihre innere Wahrheit erblickt, zur Grundlage seiner Metaphysik der ‚vision en Dieu' gemacht. So ist jeder reine Akt der Aufmerksamkeit, in der ein Mensch gesammelt und doch selbstvergessen ein Anderes sein und sich begegnen läßt, ein Akt des Gebetes, einer demütig-empfänglichen Huldigung an die Wirklichkeit, in der Gott sich geben, als Gnade und Gewähr des Seins aufscheinen kann. S. Weil und Wittgenstein, Rosenzweig und Buber haben hier den Berührungspunkt des reinen Denkens mit einem Gebet gesehen, das sich für das Unsagbare offen hält; und dies nicht, damit die weltliche Gegenwart im diffusen Licht angemuteter Mystik verschwimme, sondern desto deutlicher als endliche, also in ihrer Bestimmtheit, Bedingtheit und Freiheit hervorträte, seine nur ihm eigene Physiognomie gewänne. Der in Denken und Gebet geläuterte Gott-Gedanke verläuft sich nicht im Allgemeinen, sondern ist Arbeit an der Präzision seiner Gestalt und Gegenwart. Je mehr jemand das Singuläre wahrnimmt, bedenkt, hervortreten läßt, desto näher ist er dem konkret-synoptischen Blick Gottes; und er wird diesen so nachvollziehen, daß er sich selbst ihm unterstellt, von ihm gemessen und getroffen weiß. Einem solchen göttlichen Blick-Wort, das die Freiheit eines jeden anruft und konstituiert, kann nur eine Lauterkeit standhalten, die dem Gebet nahekommt. „Ich möchte sagen, ‚dieses Buch sei zur Ehre Gottes geschrieben', aber das wäre heute eine Schurkerei, d.h. es würde nicht richtig verstanden werden. Es heißt, es ist in gutem Willen geschrieben und soweit es nicht mit gutem Willen, also aus Eitelkeit etc., geschrieben, soweit möchte der Verfasser es verurteilt wissen. Er kann es nicht weiter von diesen Ingredienzen reinigen, als er selbst davon rein ist." Dieses Vorwort zu Wittgensteins ‚Philosophischen Bemerkungen' ist ein später Nachhall dessen, was Wilhelm von Auvergne 700 Jahre zuvor in seiner Gebetslehre als Erhabenheit bezeichnet hatte, welche bei ihm „die Bedeutung eines Erkenntnisprinzips gewinnt. Das Erhabene besteht hier in der glücklichen Wendung, in der rettenden Vermeidung des Sturzes in die Leere der Täuschung und des Wahns" (J. Villwock, Die Sprache 433). Das Gebet taucht hier nicht nur am äußersten Rande oder Ende des Denkens auf, sondern ist seine richtende Mitte, eine Instanz, in der und vor der ein Mensch rein werden kann und muß.

– Unterbrechung und Umwertung. Das Gebet ist zugleich als Vollendung und Unterbrechung des Denkens erschienen, als Gericht und lichtende Sammlung. In der Tat, zunächst unterbricht es die Kreisläufe, das kurzschlüssig Gängige des Alltagsgeschäftes, darin dem Denken nicht unähnlich, welches aber zumeist anonym ständig am Werke ist. Zum Beten hingegen muß man sich ent- und erschließen, ihm muß man Zeit widmen. Der Betende zieht sich vom Fluß des Tuns und der Eindrücke, des Redens und Agierens zurück und betrachtet sie gleichsam von außen, aus einem Abstand, der ihnen ihre richtigen Maßstäbe und Proportionen zu geben sucht. Solche Unterbrechung führt bisweilen gar zu einer Umwertung der Werte: die großen Dinge und Begebenheiten erscheinen in seinem Lichte weniger bedeutungsvoll und imponierend als sie aufzutreten pflegen, und kleine, unscheinbare Wirklichkeiten erhalten eine ungeahnte Sinnfülle; das Anziehend-Angenehme enthüllt sich als Schein, als vorläufig und fährlich, das Schwierige und Schwere als Ort der Bewährung und Gnade. Das Gebet ist der Ort und Vollzug der Erfahrung mit der Erfahrung, jenes alchemistischen Prozesses, wo dem unendlichen Material an Eindrücken und Erlebnissen so etwas wie eine Lebenserfahrung abgewonnen wird. Es mag dabei sogar geschehen, daß unser Urteil selbst sich umkehrt: was wir bisher für verwerflich hielten, erscheint als Chance, Gnade, Möglichkeit – und das uns allzu Gemäße als der Freiheit und Wahrheit unseres Lebens nicht angemessen. Im wahrhaftigen Gebet wird der Mensch der Wirklichkeit der Welt und seiner selbst gerecht – und erfährt eine Annahme, die er sich nicht selbst verschaffen kann. „So ist das Gebet die Umsetzung einer Schwellensituation in Rede, Gott und Mensch überschreiten die Schwelle in umgekehrter, sich kreuzender Richtung. Während der Mensch zur Gerechtigkeit sich wendet, entscheidet Gott sich für die Seite seines Erbarmens" (Villwock 480), so könnte man die Situation mit der mittelalterlich protestantischen, dem Rechtfertigungsgedanken verpflichteten Tradition formulieren; wir hätten es hier gleichsam mit einem umgekehrten, in seinen Ur-sprung zurückgespiegelten Nietzsche zu tun.

– Sammlung und Monolog. Doch ist Gebet nicht nur apokalyptische Unterbrechung (wie es bei Metz scheinen könnte), sondern zunächst und zumeist einfach eine dem Denken zum Verwechseln ähnliche Sammlung, die allerdings nicht auf die Klärung von Sachverhalten zielt, sondern eher ein Gestus ist, in dem das Vielerlei der Gedanken, Eindrücke, Erfahrungen, der Sorgen und Vorlieben, all das seltsam Bunte, das Be(d)rückende des Lebens wie in einem großen Korb gesammelt und betrachtet, verlesen und unterschieden wird. Gebet ist Lese, Einheit von Ernte und Aufmerksamkeit. Dabei geht es nicht primär um dieses Viele, sondern um eine Einkehr in sich selbst. Der Beter fängt an, mit sich etwas anfangen zu können, besinnt sich auf sich selbst, auf das, was ihm auferlegt und möglich, gestundet und gelungen, mißraten und aufgegangen ist. Er spricht mit sich selbst, seiner Erfahrung, lauscht ihnen eine Botschaft, jene geheime Wahrheit ab, die er selbst ist. Was könnte für ihn wahr, angemessen, was ihm zugetraut und zugemutet, das Maß seiner Freiheit sein, an dem allein er sich vermißt? Da fällt dann nach und nach all das Vielfältige von ihm ab – und fällt ihm doch neu zu, so daß es nicht mehr stört, sondern sich fügt – und der Betende endlich bei sich allein zu Hause ist. Er kann, darf und muß nun etwas mit sich anfangen, gleichsam nicht in einer verödeten, sondern bewässerten Einsamkeit zu Hause sein. Und da braucht es kein Reden mehr, er spürt, wie er mit seinem Wesen einig wird, was an ihm wirklich ist, von woher sein Lebensfaden sich abspult und wieder aufrollt, was die Baugesetze seiner Existenz sein mögen und mit seinem Leben gemeint sein könnte. Horizont und Gegenwart, Können, Dürfen, Gabe, Müssen berühren und steigern einander in solchen Momenten dichten Bei-sich-Seins, und dies ungeachtet all der Widersprüche, Risse und Scheiterungen, die nun aber als seiner Eigenart zugehörig betrachtet werden, wie die Runzeln zu einem Gesicht: gezeichnetes Leben. Gebet ist ein solcher abgründiger und erweiterter Monolog, in dem wir die Landschaften unseres Innen und Außen durchlaufen und uns endlich als Auftrag, Botschaft, Wort an uns selbst erkennen, als uns zugeeignete Gabe und Möglichkeit, als uns anvertrautes Paß- und Losungswort. Im Gebet entdeckt sich der Mensch als in Anspruch genommen, als von einem Sinn angegangen, den er noch wahrnehmen und ausschreiten muß. So schließt sich dieser Monolog nicht in sich ein, ist nicht eng, sondern verwindet die Angst vor dem Leben und dem eigenen Ich, nimmt den eigenen Platz im Leben und im Gefüge der Welt ein, stellt sich den Gegebenheiten, weitet sich zu den entfernten und nahen Bedingungen der Existenz. Es ist also keine harmlose, alles stillegende Sammlung, sondern ein Selbstgespräch, das sich bald zu einer Begegnung dehnt.

– Monolog und Entzogenheit. Gebet ist der einsamste Akt des Menschen und doch nie allein, vielmehr Wahrnehmung seiner All-einigkeit mit der Welt und ihrem Grund. Im Raum seiner unmitteilbaren Einmaligkeit muß sich der Mensch einer Tiefe und Weite stellen, die sein Bewußtsein übersteigen und es doch unterfangen und gründen. Je tiefer er bei sich ist, desto mehr geht ihm auf, wie wenig er sich selbst gehört, wie sehr er sich entzogen ist. Da erhebt sich in seiner Seele ein Gesang, den diese erlauschen muß und doch schon immer singt; da ist ein Wort, das ihr auf dem Grunde ihrer selbst und doch von außen zugesprochen wird und dem sie gehorchen muß; da ist ein Gefühl der Abhängigkeit von und vor einer Instanz, die doch das Wesen ihrer Autonomie und Freiheit ausmacht. Da wird ihm gesagt: du kannst und du darfst und du sollst frei und wahr sein, dein Geschick auf dich nehmen und verantworten. Du bist der Freiheit, Wahrheit, Schönheit, Dramatik deiner eigenen Person würdig und fähig, auf der Höhe deiner selbst zu leben.

– Entzogenheit und Dialog. An dieser Stelle weitet sich der Monolog zum Dialog in, vor und mit Gott, dem Grund der Freiheit und Wahrheit. Zunächst ist da inmitten der Einsamkeit jener Gesang, das Gespür für die Urverbundenheit mit dem Leben und seinem Urgrund. Das Selbstgespräch, die Selbstgegenwart erfährt sich als eingebettet in einen größeren Zusammenhang, in ein Wir, eine Gemeinschaft des Geistes. Es ist durchwoben und durchwirkt vom Monolog dieses Geistes, nimmt teil an einem Raum, in dem es atmen und aufblicken kann. Und darin bleibt es nicht bei sich selbst. Es vernimmt die entscheidenden Worte seines Lebens, von denen dieses selbst vernommen wird und denen es antworten muß. Und endlich weiß es sich vor einem Du; denn Herkunft, Garant und Zukunft der eigenen Freiheit kann nur wieder eine andere Freiheit sein, die mich an- und aufruft zu mir selbst. Denn ich selbst kann mich nicht zu mir erwecken, ja könnte mich gar nicht lieben, wenn ich Geschöpf meiner selbst wäre. Ich wäre in mir verfangen, könnte mir wohl kaum in die Augen blicken. Das Gebet wird so zur Begegnung, zur Konfrontation, zur Anrufung.

– Dialog und Einbekenntnis. Ein solches Gebet wird, so es ehrlich ist, zunächst eine confessio laudis enthalten: je mehr ein Mensch sich selbst entdeckt, erstaunt die Räume seines Ich durchläuft, nachdenklich-betrachtend im Garten seiner Existenz umherschweift, desto intensiver wird die Preisung, das Lob in seinem Herzen keimen. Religion ist nicht aus dem Ressentiment oder der Angst geboren (so sehr sie diesen elementaren und fatalen Regungen des Herzen auch nahe kommen, ihnen bisweilen gar Nahrung geben mag), sondern aus dem Bedürfen, der Huld des Geschicks zu huldigen, Dank zu sagen. Das ist der Kern der Freiheit wie der Wahrheit: aufschauend preisen, Gutes von Gott, der Welt und dem Ich sagen zu können, sich als gesegnet und deshalb lobend zu erfahren. Dergleichen war von Pindar bis Hölderlin (wenn nicht gar bis Rilke), von der Psalmenfrömmigkeit bis hin zu den geistlichen Liedern des Barock noch selbstverständlich, weil es eben dem Sein und Wirken des Menschen entsprach. Der iubilus, der stumme Jubel, der wortlose Aufschwung der Seele im Gesang war für Augustinus Kern und Leben des Gebetes und der Existenz. Wenn die Menschen nicht den Ursprung, das Urwort und den Geist der Urverbundenheit preisen, werden sie der Verzweiflung verfallen oder Allem und Jedem zujubeln, sich Göttern unterwerfen, die eine solche Huldigung wahrlich nicht verdienen. In solchem Lob ist schon das vertrauende Bekenntnis der Wahrheit einbehalten, der Sinn für Abstand und Nähe von Gott, Welt und Mensch, Einsamkeit und Tat, meiner und deiner Freiheit. Und der Mensch wird sich der geschichtlichen Bedingtheit und Herkunft seines Wesens erinnern und darin die Spuren der Gegenwart ausmachen und erheben. Und da mag auch das Bekenntnis der Schuld, der verwirkten Freiheit eine – eben befreiende Rolle spielen: die Welt, der Mensch, sie sind nicht so wie sie sein könnten und sollten, sie spielen sich falsch auf und leben weit unter ihrer Würde. Niemand vermag sich selbst und der Welt gerecht zu werden. Und dergleichen Einsicht wird in die Klage vor Gott münden, wie in die Bitte, daß endlich die Sphären unseres Lebens einander entsprechen und wohltun möchten.

– Gebet in Gemeinschaft. Gebet ist der einsamste Akt des Menschen, aber auch der all-einigste, allen Völkern und Kulturen gemeinsam eingestiftete Grundvollzug. Denn jeder ist frei, wahr, angerufen, verantwortlich, vom Geschick gewollt, begünstigt und belastet, schuldig und begnadet; jeder lebt vom Größeren (maius), das sich auf seinem Antlitz spiegelt, in seinem Herzen gegenwärtig ist, in seinem Denken reflektiert wird. Gebet in Gemeinschaft vollzieht diese Verbundenheit zunächst in Gesang, Versammlung, zwischenleiblicher Gebärde, in einer Verbundenheit, die jeglichen Willen und moralischen Appell allererst begründet und ihnen Wurzel und Berechtigung verleiht. Sodann erinnert es uns und einen Jeden, daß niemand in dieser Welt deine und meine Integrität, Wahrheit, Freiheit und Liebwertheit endgültig garantieren, schützen, bewahren und heben kann. Liturgie ist so das Ereignis der Gegenwart eines dem Einzelnen wie uns allen zugesprochenen Geistes und Wortes, auf denen Würde und Wirklichkeit des Menschen beruhen. Deshalb hören wir auch gemeinsam auf die Urkunden der Religion, lassen uns etwas gesagt sein, was wir uns nicht einfach selber erdenken und zusprechen können. Und endlich wird in solcher Versammlung die Wandlung begangen, wohnen wir der möglichen Metamorphose der Materie, des Scheiterns, des Todes in die heilsame Gegenwart des lebensspendenden Geistes bei.

– Der Gott des Gebetes. Ein Gott, der solchem Gebet entspräche, kann nicht nur eine einsame Monade oder ein entlegener Tyrann, eine anonyme Sphäre oder ein diffuses Wesen, ein sich selbst denkendes Denken oder ein bloßer Anfang sein, der mit sich selbst nichts anfangen könnte und deshalb das menschliche Abenteuer suchte. Er kann nicht nur väterliche Autorität oder mütterlicher Urschoß, nicht Intellekt oder Wort, webender Geist oder abstrakter Raum sein, er wird vielmehr all das in sich austragen und darstellen: Er ist gesammelter Monolog des einen Bewußtseins (Gott zu sein) und darin immer schon dialogisch, insofern der Vater sein Innen, sein Wissen und Leben, ganz dem Sohn mitteilt, sich in ihm kongenial aussagt und umfängt, welche Sammlung und Gemeinschaft sich im Geist als Liebe auslegt und rundet. Ein solcher Gott erhört das Gebet, weil er ihm schon immer entspricht und Raum gewährt. Und der von uns beschriebene Vorgang des Betens spiegelt den dreifaltigen Gott, antwortet ihm, gibt ihm Raum und weiß sich darin von ihm getragen, eingehüllt, geborgen, in ihn hinein ausgesetzt.

5. Geschichte und Dialektik: das Einander von Beten und Denken

Zurück- und vorblickend bedenken wir den Weg der zwei Vollzüge von Leben und Geist. Da ist das Denken, unsicher tastend, fragend und doch sich und seine Bedingungen klar ins Auge fassend, reflektierend, auf sich bezogen, in sich beschlossen und darin – nach Maßgabe der Kraft und Großzügigkeit des eigenen Denkvermögens – der Welt gegenüber aufgeschlossen. Es gibt eine weitgehend anonyme Geschichte des Denkens in den Menschen, die sich nur spärlich in der Geschichte der Philosophie niederschlägt, deutlicher und anregender in jener der Kunst und Kultur und endlich in der Abfolge der Stile und Weltanschauungen im Laufe der Zeiten. Und doch, wie wenig wissen wir, trotz Platon und Augustin, Descartes, Kant, Hegel, Kierkegaard, Nietzsche, Husserl, Heidegger und Wittgenstein vom Denken, von dem was die Menschen wirklich denken, was ihnen ein- und auffällt, was ihr Sehen und Werten, Hören, Meinen und Sprechen bestimmt. Denken bleibt bei aller Offenheit eigentümlich hermetisch, selbstbezogen; es ist, wie alles Große und Selbstverständliche, wie Gott und Seele, Sein und Wahrheit, verborgen inmitten seiner Offensichtlichkeit. Man kommt ihm, wenn überhaupt, nur schwer auf die Spur. Alles, was Logik und Dialektik dazu meinen, ist seltsam erbärmlich, dürr, entlegen, formal. Nur wenn es den Denkern gelingt, dies Formale mit Leben zu füllen, ‚in die Gänge' und in Kontakt zu Kunst, Religion, Geschichte und Politik wie der Alltagsgestalt von Denken zu bringen, springt ein Funke über, beginnen wir zu verstehen, was Denken ist und sein könnte. Sind da nicht die oben Genannten immer noch die wenigen Meister? Oder sollten wir lieber bei Goethe und Musil, Joyce und

Proust, bei Klee oder Kandinsky in die Schule des Lesens und Sehens gehen?
Auch das Gebet bleibt verborgen, in den Urfernen der Geschichte und den Tiefen des Herzens, in der Verstelltheit der Riten und den Machenschaften der Religion, ohne die es doch nicht wird sein und atmen können. Wie alles Große, lebt und offenbart es sich nur in und an den Vermittlungen, von denen es zugleich erstickt und entstellt wird. Denken bedenkt das mit Hilfe und im Gang der Dialektik, als Gesetz des Denkens und des Wirklichen, und bleibt dabei oft in sich befangen. Auch das Beten trägt diese Entfremdung, ja seine eigene Schuld noch einmal betend aus, bleibt dabei aber nicht bei sich, sondern bringt sich vor einen Anderen, gibt sich preis, setzt sich aus, wird Gebärde, Gesang, Gemeinschaft. Zunächst wird im Gebet Geschichte allererst mitkonstituiert, weil erzählt, dargestellt, gedeutet, als Offenbarung eines Gottes, als Prüfung und Erstehung gelesen und auf seinen Anfang und sein Ende hin nicht nur bedacht, sondern schon begangen. Gebet ist bewußter Vollzug, Wiege und Raum der Geschichte – und wird darin selbst geschichtlich bestimmt. Im Gebet findet die Geschichte des Einzelnen wie eines Kollektivs zu seiner Bestimmung.
In alldem setzt es den Menschen, sein Denken, Handeln, Wollen ins Offene frei und aus, weiß es sich dem Gott ausgesetzt. Wenn der Kern der Freiheit und des Denkens vor einer größeren Instanz durchsichtig und ihr anheimgestellt wird, dann gibt es keine endgültige Gewißheit, sondern nur ein Vertrauen auf Gnade, Annahme, Verwandlung. Im Gebet ist aber nicht nur der Mensch ledig und bloß, vielmehr liefert sich auch Gott der Welt aus, wird behaftet bei seiner Offenbarung, bei seiner Ehre und Zusage.
Das Geheimnis des Lebens wird hier nackter, dringlicher, greifbarer als im Tun und Denken. Tun und Denken neigen zudem zur Totalisierung, sehen nur sich, verfolgen die eigene Sequenz, den je eigenen Zweck, tendieren zu einer Geschlossenheit, die der Wirklichkeit leicht – aus schierer Notwendigkeit – Gewalt antut. Gebet hingegen, so es nicht magisch oder fetischistisch wird, hilft unterscheiden: zwischen Gott und Mensch, meiner und deiner Freiheit, meiner und deiner Not; in Dank,

Klage, Fürbitte, Gesang, Bekenntnis der Schuld wächst ein Taktgefühl für Ferne und Nähe, für die Verschiedenheit der Sphären, das den Tätigen und Denkenden oft eher stört. Freilich kann sich der Beter leichter etwas vormachen, sich in seinen Gott einspinnen, eine fromme Welt zurechtlügen, während der Handelnde den Widerstand der Welt verspürt und sich ihm stellen muß.

Deswegen gibt es kein Gebet, das nicht vom Handeln her käme und zu ihm gedrängt würde, kein Denken, das nicht des Ungedachten und Unausdenklichen inne sein müßte, kein Handeln, das nicht des gnädigen Beistandes und des Nachdenkens bedürftig wäre. So hat sich am Ende unseres Weges das Paar Denken-Beten zur Trias geweitet, und in der Tat sind Denken und Beten ja schon Handlung und Passion, werden erlitten und gestaltet, sind Vorgang und Tat – und der leiblich-geschichtlichen Bewahrheitung fähig und bedürftig. (Wenn H. Arendt nur eine laikale Phänomenologie des Gebetes geschrieben hätte, weit von außen, verwundet von innen, nüchtern, wie es ihr Stil war ...)

6. Andacht: der Kreuzpunkt

In diesem Reigen vollzieht sich die Frömmigkeit des Tuns, des Denkens und Fragens, des ‚andächtigen Gebets', das die Dichte und Hintergründigkeit von Tun und Denken konkretisiert, verdeutlicht, lichtet: Andacht. Der Andächtige erinnert das jeweils Ausgeschlossene, Verdrängte, Überspielte. Den Hektischen mahnt sie zum vorausschauenden Nachdenken, den Frömmler zu Tat und kritischer Selbstreflexion, den Grübler und absoluten Denker zu Demut und Praxisnähe. Die Andacht läßt keine Einseitigkeit durchgehen, ohne jedoch dem Einzelnen seinen Stil, seine Eigenart streitig zu machen. In ihr wird der Herrlichkeit des Größeren, des Gottes eben so Rechnung getragen wie der Zeitlichkeit des Menschen, ja ihrer Verschränkung gedacht: wie Gott sich verzeitlicht, der Endlichkeit ergibt und die menschliche Zeit ohne den An- und Gegenhalt des Ewigen verloren wäre. Sie weiß um das Zueinander von Schuld und Gnade, von Autonomie und Abhängigkeit, Realismus und Würde. In der Andacht ist der Mensch intelligent, fromm und lebensklug.

Um sie zu nähren und wachsen zu lassen, braucht es ein lebenslanges Exerzitium des Lesens, Wachens, Sterbens, am Ich und an der Welt Arbeitens, die Wiederholung des Selben und die Aufmerksamkeit für das jetzt sich Zuschickende. Nur so „übersteigt der Mensch die Absicht, auf andere unter dem Gesichtspunkt des Durchsetzens eigener Zwecksetzungen und Ansprüche einzuwirken“, nur so ist das „Gebet Erneuerung einer verlorenen Teilhabe am sympathetischen Zusammenhang“ (Villwock 447.469). Dieser Kreislauf der Sympathie ist nichts Verblasen-Emphatisches, sondern verdankt sich der Offenbarung eines Gottes, der sich, sein Wort, seinen Geist in die Geschichte hinein ‚investiert‘, auf daß sie eine Resonanz im Menschen fänden und durch dessen Herz, Verstand und Mund zu ihm zurückkehrten. Und umgekehrt weiß der Mensch im Gebet, daß er selbst meist leere Gedanken und Gefühle, überlastete und wohlfeile Projektionen zum Himmel schickt, die nur vom wahren Gott her als Sendung, Anruf, Widerwort und Wirklichkeit heilsam und richtend auf ihn zurückfallen. Beten, Tun, Denken finden in diesem doppelten Geschehen ihre Wahrheit: in ihrer Dreieinheit weiß der Mensch, daß er sich selbst standhalten, reflektieren, auszeitigen und an einen Größeren preisgeben muß, der seinerseits nicht einfach eine bloße Projektionsfläche unerlöster Sehnsüchte, sondern eine ihrer selbst bewußte und sich leidende mögende Liebe ist. Nur ein solcher Gott, der Einheit von Reflexion und Liebe, Selbstverhältnis und Offenheit wäre, hätte seinen Namen – und die menschliche Anrufung und Verehrung verdient.

Anmerkung

Viele der vorstehenden Überlegungen finden sich, in gänzlich anderer Tonart und theoretisch begründet, in: E. Salmann, Neuzeit und Offenbarung. Studien zur trinitarischen Analogik im Christentum, Rom 1986 sowie in etlichen, vom Vf. redigierten Stichworten (Gebet, Gespräch, Gott, Hl. Geist, Theologie und Mystik) in: P. Dinzelbacher (Hg.), Wörterbuch der Mystik, Stuttgart 1989

Bei der Abfassung dieses Aufsatzes stand mir zudem folgende Literatur vor Augen: I. Mancini, Scritti cristiani, Genova 1991; G. Moretto (ed.), Preghiera e filosofia, Brescia 1991; M. Eckholt, Vernunft in Leiblichkeit bei N. Malebranche, Innsbruck 1994; P. Hadot, Philosophie als Lebensform, Berlin 1991; U. Nolte, Philosophische Exerzitien bei Descartes, Würzburg 1995; W. Schmidt-Biggemann, Philosophia perennis. Historische Umrisse abendländischer Spiritualität in Antike, Mittelalter und früher Neuzeit, Frankfurt 1998; J. Villwock, Die Sprache – Ein Gespräch der Seele mit Gott, Frankfurt/M. 1996.

beten begreifen
Über die seltsame Lust der Philosophie am Gebet

Hans Jürgen Luibl

1. beten begreifen

Das Gebet hat in der theologischen Diskussion Hochkonjunktur. Das mag verwundern. Denn nicht immer stand es im Zentrum des gottesgelehrten Interesses. Die Geschichte der evangelischen wie katholischen, wissenschaftlich betriebenen Theologie ist eher von vornehmer Zurückhaltung geprägt[1]. Das hat sich geändert – und die Gründe dafür sind vielfältig. Sei es, daß Spiritualität (und damit Gebet) mehr gefragt sind und deswegen intensiver hinterfragt werden müssen, sei es, daß Theologie als Wissenschaft von der Grundlagenkrise der Moderne nicht verschont wird, deswegen auf Grundlegendes zurückgreift und das Gebet als ihre eigene Wurzel[2] wiederentdeckt. Wie dem auch sei: die Theologie greift auf das Gebet zurück, greift es auf, versucht es zu begreifen – und zwar als Ureigenes, fundamentales Phänomen. Gerhard Ebeling gebührt die Ehre, dem Gebet in der Theologie diese Schlüsselfunktion zugewiesen zu haben.

Gerhard Ebeling – oder: Gebet und Lebensgrund

Gerhard Ebeling hat in seiner ‚Dogmatik des christlichen Glaubens' dem Gebet eine zentrale Bedeutung zuerkannt. Es ist in erster Linie „Schlüssel zur Gotteslehre"[3]. Damit wird präzisiert, was in evangelischer Theologie seit der Reformation Tradition hat, ohne explizit benannt zu werden: nämlich aus der Doxologie heraus, aus der Anrede des Menschen an Gott die Rede über Gott

---

1 Hans Jürgen Luibl, Des Fremden Sprachgestalt. Beobachtungen zum Bedeutungswandel des Gebets in der Geschichte der Neuzeit, Tübingen 1993.

2 Gerhard Sauter, Gebet als Wurzel des Redens von Gott, Glauben und Leben 1, 1986, 21–38.

3 Gerhard Ebeling, Dogmatik des christlichen Glaubens, Band I, § 9 Reden zu Gott (192–244), A: Das Gebet als Schlüssel zur Gotteslehre (193–210); Tübingen 1987.

und seine Geschöpfe, Welt wie Mensch, sich erschließen zu lassen und mit Hilfe der Heiligen Schrift sprachfähig zu machen. Damit wird das Gebet als Grundphänomen des Lebens, als Grunderfahrung, als ‚Erfahrung mit der Erfahrung' verstanden. Ist das Gebet einmal als Grundphänomen theologisch inszeniert, führt es ein in das Geheimnis der Wirklichkeit. So weitet sich die Theologie zur Erkenntnis- und Fundamentaltheologie.

Auch in der Religionsphilosophie, der vernünftigen Schwester der Offenbarungstheologie, kommt dem Gebet zunehmend eine Schlüsselrolle zu. Die abstrakten Fragen nach Gottes Gottsein, dem Wesen des Menschen und der Wahrheit der Wirklichkeit finden sich wieder – oder besser noch: finden sich ein im Phänomen der gelebten, erfahrenen Gottesbeziehung, für die offensichtlich das Gebet steht. Wird das Gebet als ‚Ernstfall' des Glaubenslebens bezeichnet (Gerhard Ebeling), so wird es durchaus angemessen auch zum Prüfstein religionsphilosophischer Reflexion. Zwei Denkwege seien hier kurz skizziert.

Bernhard Casper – oder: Gebet und Grund

Der Freiburger Religionsphilosoph Bernhard Casper hat in seinem Buch „Das Ereignis des Betens. Grundlinien einer Hermeneutik des religiösen Geschehens"[4] einen solchen Versuch unternommen, dem Beten auf den Grund zugehen. Er geht dabei von der Tradition des Gebets aus und entschlüsselt diese phänomenologisch. Er macht aufmerksam auf entscheidende Momente des Lebens: auf das Risiko der Freiheit, auf die Selbstverantwortung, die immer an den anderen gebunden ist, auf eine so alltägliche wie festliche Wirklichkeit, in der immer schon Gott mit im Spiel ist. Es werden dann zwischen philosophischer Strenge und poetischer Weite schwingend Lebens-Linien gezogen. Und diese Linien werden dann – Glauben und Denken verbindend – zu einem Knoten verknüpft, der Gebet genannt wird, das religiöse Grundereignis schlechthin. Kurz: Das ganze Leben ist eigentlich immer schon Gebet wie umgekehrt „Beten nur begriffen werden kann als Akt des ganzen, sich in Freiheit verwirklichenden Daseins"[5]. Am Ende, so scheint es, versteht die Vernunft sich auf das Beten.

---

4 Bernhard Casper, Das Ereignis des Betens. Grundlinien einer Hermeneutik des religiösen Geschehens, München 1998.

5 A.a.O. 58.

Julius Bissier: *Frucht 36/37,* 1937

Emanuel Hirsch – oder: Gebet und Abgrund
Der evangelische Theologe Emanuel Hirsch skizziert auf seine Weise den „Sinn des Gebets"[6] und entwickelt dabei Grundzüge einer evangelischen Religionsphilosophie. Sein Ansatzpunkt ist weniger die Tradition des Betens, die neuzeitlich geschwächt, philosophisch ‚vertieft' und somit stabilisiert werden müßte. Vielmehr geht es um die „Hemmungen und Schwierigkeiten des Gebets"[7], die Ausdruck der Krise des Menschseins selber sind. Hier kann die Vernunft nicht aufhelfen, sondern muß eine letzte Differenz zwischen Vernunft und Glauben wahrgenommen werden. Diese Differenz spiegelt wider eine tiefergreifende Differenz, jene zwischen Glauben und Leben und führt in die Grunddifferenz des Lebens. „Das eben ist das Geheimnis des Gebets, daß dieser Widerspruch (zwischen Gott und Mensch; HJL), in ihm (dem Gebet; HJL) innerlichst durchlebt wird ..."[8] Dabei kommt der Mensch in seiner Widersprüchlichkeit selber zur Sprache, die ihm in der Situation der Entscheidung als Angst zur Erfahrung wird. Über diese kann er sich erheben und die Angst verdrängen in der Wendung zu einem imaginären Gott oder kann sie wahrnehmen im Gebet als Wendung zum lebendigen Gott. Das Gebet liefert der Vernunft keine Gründe (wie bei Casper), sondern ‚im Gebet sehen wir den Abgrund'[9]. Aber immerhin: den Abgrund kann man sehen, und damit die Gründe einsehen, warum gebetet werden muß.

Wird das Gebet in der theologischen Reflexion zur Grunderfahrung stilisiert, führt dann in der religionsphilosophischen Reflexion das Gebet zum Grund oder Abgrund der Wirklichkeit, wird also aus dem religiösen Gestus der Schlüssel zur Erkenntnis der Wirklichkeit, dann rückt das Gebet in die Nähe der Vernunft als dem Königsweg abendländischer Wirklichkeitserschließung. Das jedoch ist zweideutig. Führt das Gebet auf den Grund des Seins, lassen sich daraus viele gute Gründe gewinnen, was Beten heißt und warum zu beten ist. Führt es in den Abgrund, ist dies noch ein Grund mehr, der zum Gebet nötigt und das Gebet mehr als vernünftig erscheinen läßt. Das Gebet wird vernünftig. Ein vernünftiges Gebet aber läuft Gefahr, reine Vorarbeit zur Arbeit der Vernunft zu werden, sich selber überflüssig zu machen, sich in Vernunft aufzulösen. Die

---

6 Emanuel Hirsch, Der Sinn des Gebets. Fragen und Antworten, Göttingen 1928, 2. neugestaltete Auflage.
7 A.a.O., 20.
8 A.a.O., 21.
9 Ebd.

Vernunft ist es letztlich, die sich auf das Gebet versteht. Genau dies aber ist die Frage: was die Vernunft vom Gebet erkennen kann, ob sie zum Gebet fähig ist oder befähigen kann, ob die Vernunft etwas vom Gebet versteht oder eben immer nur so viel, wie sie sich selber versteht. Dahinter taucht eine andere Frage auf: ob die Vernunft die Wirklichkeit in Wahrheit zu begreifen vermag und sich auf das Geheimnis der Wirklichkeit versteht, ob die Vernunft sich auf Gott versteht. Dies herauszufinden, ist so einfach nicht. Denn zum einen gibt es *die* abendländische Vernunft nicht. Und zum anderen gibt es sie nicht, ohne schon immer in sie verwickelt zu sein – das gilt auch für alle theologischen und religionsphilosophischen Versuche. Aber es gibt verschiedene Zugriffe der Vernunft in ihrer Geschichte auf das Gebet, es gibt den Begriff des Gebets, der aus dem Gestus des Gebets gewonnen wird. Stationen dieses vernünftigen Zugriffs und die dabei gewonnenen Begriffe wahrzunehmen, sollte in bescheidenem Umfang jedoch möglich sein. Möglich – aber auch nötig. Denn wie das Gebet Ernstfall des Glaubens ist, könnte Gebetsphilosophie ja Prüfstein der Vernunft, ihr Schibboleth sein, was sie vermag oder auch nicht vermag, welche Wirklichkeit sie in Auseinandersetzung mit dem Gebet erschließen kann. Und dies herauszufinden wäre letztlich für Theologie und Religionsphilosophie von Bedeutung, nämlich bei der Frage, welche Art von Vernunft möglich und notwendig ist, um das ihnen Eigene zu denken, um die Wirklichkeit der Wirklichkeit oder Gott als Geheimnis der Wirklichkeit zu erschließen. Im folgenden soll – im Bild gesprochen – ein Versuch gewagt werden: ein evangelischer Theologie geht auf fremdem Terrain der Philosophie auf die Jagd nach dem vermeintlich Eigenen, dem Gebet, untersucht deren Jagdmethoden. Und er tut dies ohne anerkannten Jagdschein, er wird also wildern, er wird vielleicht ganz falsche Fährten verfolgen und die Denkgefährten auf falsche Fährten locken. Und er wird auch manche Böcke schießen – zur Freude oder zum Ärger der Fachphilosophen. Und er wird – vielleicht philosophisch ungeschickt – am Ende danach fragen, was denn die Jagd erbringt: für die Theologie, für den Beter heute. Ob es gelingt, ist offen.

2. Lust am Gebet? Aristoteles und die Folgen

„Über die seltsame Lust der Philosophie am Gebet" – schon der Untertitel mag Zweifel aufkommen lassen am Erfolg der Suche. Irrungen fangen schon damit an, so könnte man vermuten, daß da eine gewisse *Lust* diagnostiziert wird in der Philosophie. Jedoch: wie weit man Philosophie auch immer faßt, man wird darin vieles finden und fassen können, doch wohl am wenigsten irgendwelche Gelüste, schon gar nicht an so etwas Befremdlichem wie dem Gebet, der Sprache der Begierde nach dem Unendlichen. Denn zum einen ist das Gebet in der Geschichte der Philosophie so häufig anzutreffen wie ein Albino im Tierreich. Und zum anderen: die Lust? Hier gilt wohl: Das Geschäft der Philosophie ist gerade nicht jenes der Lust, sondern der Wahrheit. Und ihr Gestus dabei ist jener der kritischen, reflektierten Distanznahme, um eben den Anschein des nur Lustvollen zu vertreiben, den falschen Schein zu durchschauen und die Wahrheit aufscheinen zu lassen. Jedenfalls hat Aristoteles, der Meisterdenker, der Philosophie diese Arbeitsanweisung gegeben, die bis heute mehr oder weniger strikt eingehalten wird. Aber es ist interessant: wo Aristoteles diese Anweisung gibt, kommt er zugleich auf etwas anderes zu sprechen, auf einen anderen Sprachgestus, auf die ‚*euche*'. Was das bedeutet, ist in vielfacher Hinsicht offen. Heißt ‚*euche*' einfach Bitte im menschlichen Bereich oder spezifischer Gebet, Anrede an Gott – oder beides zugleich, irgendwie miteinander verwoben? Und weiter, wie steht dieses seltsame Zwitterwesen aus Bitte und Gebet im Kontext einer veritablen Philosophie?

Veritable Philosophie – das ist für Aristoteles wahrheitsfähige Philosophie, die auf die Wahrheit der Rede aus ist. Reden, so Aristoteles, kann man viel, aber nur Rede, welche die Wirklichkeit darstellt, sagt etwas, nur bei dieser Rede kann man sagen: sie ist wahr oder ist falsch. Und nun Aristoteles: „Das trifft aber nicht auf alle (Sätze) zu, z.B. ein Bitt/Gebet ist zwar auch eine Rede, doch weder wahr noch falsch. Diese Formen seien nun beiseitgesetzt – deren Betrachtung ist der Lehre von Rhetorik und Poetik angemessen –, die aussagende Rede ist Gegenstand der gegenwärtigen Betrachtung."[10]

---

10 Aristoteles, Hermeneutik oder vom sprachlichen Ausdruck?, 17a, in: Aristoteles, Organon, Band 2: Kategorien, Hamburg 1998.

Nun also: Euche, das Sprachwesen aus Bitte und Gebet, das Bitt-Gebet ist nicht wahrheitsfähig. Und deswegen gehört es recht eigentlich nicht in die Philosophie auf ihrer Suche nach der Wahrheit, sondern höchstens an den Rand, oder jenseits davon zu anderen Welten, nach Aristoteles sind dies Rhetorik und Poetik. Diese sind zusammen mit der Ethik bei Aristoteles zwar prinzipiell keine Randgebiete, sondern die Hauptfelder des Geistes. Denn Rhetorik und Poetik haben ihre Aufgabe, die Ethik als Unterscheidung zwischen Wahrheit und Lüge und als Nötigung zur Entscheidung zum Guten zu vollziehen. Dennoch bleibt es der Geist, der Logos, der auf diesem Gebiet und mit diesen Methoden seine Arbeit, Wirklichkeit in Wahrheit zu erfassen, erledigt. Weder Rhetorik noch Poetik haben eigentlich etwas mit der Wahrheit zu tun. Sie werden zu Ander-Welten. Als solche dienen sie dann auch als Asyl für das aus der Philosophie vertriebene, bei der Wahrheitssuche überflüssig gewordene Bitt-Gebet. Dort also, im Zwielicht der Überredungskunst, im Dschungel des Literarischen, in den Wirbelstürmen des Metaphorischen mag das Bitt-Gebet gut gedeihen. Die Philosophie geht mit der Wahrheit, das Gebet mit der Rhetorik. Und, so muß man gleich anfügen, dieses Umfeld, dieser Boden, dieser Untergrund ist ihm auch gut bekommen. Als literarischer Gestus ist das Gebet bis heute geschätzt – wie eine der neueren Arbeiten zum Gebet eindrücklich belegt: „Das Gebet nach Auschwitz in Theologie und Literatur“[11]. Und eben nicht: in der Philosophie. Und ein anderes Werk [12] geht der Geschichte der abendländischen Gebetsrhetorik nach, verbindet also Rhetorik und Gebet – und gerade nicht Philosophie und Gebet – zu einem Grundgestus des Abendlandes. Das Bitt-Gebet ist für die Suche nach der Wahrheit, die denkend und selbstdenkend als Denken des Denkens, sich erschließt, eher ein Fremdkörper.

---

11 Vgl. dazu etwa Thomas Dienberg, Ihre Tränen sind wie Gebete. Das Gebet nach Auschwitz in Theologie und Literatur, Würzburg 1997.

12 So Jörg Villwock, Die Sprache – ein „Gespräch der Seele mit Gott“. Zur Geschichte der abendländischen Gebets- und Offenbarungsrhetorik, Frankfurt 1996, 145–182.

Und doch: so klar die Arbeitsteilung in der aristotelischen Tradition ist, so ganz läßt auch dieser so seltsame Fremdkörper die Philosophie nicht los. Und dies findet sich – auch bei Aristoteles. Was theoretisch verabschiedet wird, am Rande kehrt es wieder. So gibt es ein Fragment, eigentlich nur ein Bruchstück eines Satzes, das man „Peri euches, über das Gebet“ nennt. Dort heißt es in der Formulierung des Simplicius:

> „Denn daß Aristoteles etwas über das Denken und über das Sein hinaus denkt, ist offensichtlich, wenn er am Ende des Buches über das Gebet sagt, daß Gott entweder Denken oder etwas über das Denken hinaus ist.“[13]

Gott ist Denken und übers Denken hinaus. Es geht, vom Denken ausgehend, um das Denken, welches das Denken übersteigt, ein Denken, welches das Andere zum Denken, vielleicht auch das Nicht-Denken, bedenkt und so ins Denken aufnimmt. Alle Sätze also, die sich auf der Suche nach der Wahrheit durch das Denken des Denkens zusammenfügen lassen, also die ganze Philosophie, sie genügen und genügen zugleich nicht: sie genügen nur, wo sie nicht genügen, wo sie sich nicht mit sich selber begnügen, sondern Vergnügen finden im Anderen, indem sie das Andere zum Denken denken, das Nicht-Denken bedenken, das Jenseits des Denken andenken. Interessant ist nun, daß Aristoteles auf dieses Denken jenseits des Denkens im Zusammenhang mit dem Gebet kommt. Er hat vermutlich ein Buch über das Gebet geschrieben. Am Ende seines Gebetbuches, sozusagen als Frucht der Wiedergabe von Gebeten oder des Nachdenkens über das Gebet, scheint er über das Denken nochmals hinausgehen zu müssen. Das Nachdenken über das Gebet also ist es, das das Denken nochmals auf ganz andere Gedanken bringt, nämlich auf den Gedanken des ganz Anderen, der erst die Wahrheit erschließt. Damit ist bei aller Vorsicht dem Fragment gegenüber doch eine gewisse, überaus reizvolle Spannung gegeben: zwischen einem Denken, das auf der Suche nach der Wahrheit das Bitt-Gebet beseitesetzt – und einem Denken, das durch das Gebet und dieses bedenkend, allererst für die Wahrheit erschlossen wird. Im ersten Fall ist das Bitt-Gebet ein Randphänomen,

---

13 Simplicius in Ar. II de caelo, p 218,20 (eigene Übersetzung).

ohne rechten Grund, das auf den Abgrund der Sprache verweist. Im zweiten Fall ist es ein Grundphänomen, auf dem die Wahrheitssuche gründet. Und zwischen beiden Denktypen und damit Sprechweisen scheint es keinen Ausgleich, keine Verständigung zu geben.

Richard Schaeffler: Gebet und Argument
Daß hier Ausgleich zwischen Rhetorik und Argument, zwischen Glauben und Vernunft möglich sein muß, darauf zielen die sprachphilosophischen Arbeiten des Religionsphilosophen Richard Schaeffler. Dabei geht er ebenfalls von zwei verschiedenen Weisen des Sprechens aus, dem des Gebets als Sprache des Glaubens und jenem des Arguments als Sprache der Vernunft[14]. Die Intention ist es, gegen die Anarchie und Selbstgenügsamkeit der philosophischen und theologischen Sprachspiele diese füreinander zu sensibilisieren und zu öffnen. So ist etwa der Gruß, der der Anrede des Gebets zugrunde liegt, erhellend: er eröffnet eine Sprechsituation, in der aus der Erinnerung an persönliche Begegnung neues Erzählen und neue Begegnung eingeleitet wird. Die Anrede an Gott konstituiert also Geschichte, während das Argument Fakten konstatiert. Damit ist jedoch die Frage nach der Differenz der beiden Sprechweisen ebenso offen wie die Frage, ob Gebet sich mit einem (religiösen) Sprach-Gestus identifizieren läßt. Könnte es nicht sein, daß das Gebet nicht die Sprache der Differenz zwischen den beiden Sprachgesten ist, entstanden aus dem Übergang vom Stadium des Vorsprachlichen in Sprache und so in keiner Sprache aufgeht und darin das Unsprachliche wahrt?

Ist es nicht symptomatisch, daß der Gebets-Traktat, wenn es je einen gegeben hat, verloren ist? Verloren wie das Buch des Aristoteles über das Lachen.[15] Verlorenes Lachen, verlorenes Gebet, so wird es ein Laienphilosoph später formulieren[16]. Warum verloren? Hat das Denken des Denkens das Darüberhinausgehende schlicht nicht verkraftet und so das Gebet, das dieses Darüberhinausgehen zur Sprache bringt, abge-

---

14 Vgl. dazu etwa Richard Schaeffler, Das Gebet und das Argument. Zwei Weisen des Sprechens von Gott. Eine Einführung in die Theorie der religiösen Sprache. Beiträge zur Theologie und Religionswissenschaft, Düsseldorf 1989. Vgl. dazu meine Rezension „Gebet ist keine Sondersprache, in Reformiertes Forum 1989, Nr. 49, 19.

15 So jedenfalls hat es Umberto Eco verstanden und daraus seinen Roman „Der Name der Rose“ gemacht.

16 W.H. Auden, Verlorenes Lachen, verlorenes Beten, in: Alexis Carrel et al., Kann man noch beten?, Zürich 1973, 51–55.

drängt? Hat das Denken des Denkens das andere zum Denken, Gott, verdrängt?

Wie also steht es mit der seltsamen Lust einer aristotelisch ausgerichteten Philosophie am Gebet? Auf den ersten Blick ist sie gerade nicht lustvoll, eher lustlos – und dies mit guten Gründen. Denn die Wahrheit gründet sich auf Unterscheidung von wahren und falschen Sätzen. Das Gebet hat hier keinen eigentlichen Platz im Satz von Grund, sondern es verschwindet am Rande, geht unter im Abgrund alles Unergründlichen und Sagbaren – verschwindet im Anderen des Denkens. Und doch: so ganz ist wohl auch Aristoteles von der zwielichtigen Gestalt des Bitt-Gebets nicht losgekommen. Es scheint, als halte er fest am Fremdkörper Bitt-Gebet – oder es an ihm? Es scheint, als brauche man für die Wahrheit das Gebet nicht – aber wäre die Wahrheit vollständig ohne Unbrauchbares, das doch auch zur Wirklichkeit gehört und sich vielleicht gerade im Gebet Gehör verschafft? Diese nicht aufgehobene Spannung, diese Differenz macht den eigentümlichen Reiz des Gebets für die denkende Wahrheitssuche aus. Ein Reiz, der bei aller philosophischen Unlust zum Gebet und trotz gegenteiliger Behauptungen, trotz aller plakativen und subtilen Kritik, doch eine Art heimlicher oder unheimlicher Lust der Philosophie am Gebet bedeutet. Beten begreifen – das scheint mehr als ein vernünftiges Unterfangen zu sein, es erscheint schwankend zwischen Faszination und Irritation, zwischen Zugriff und Verwerfung, zwischen Verdrängen und Wiederholen und immer nochmals Durcharbeiten. Das Gebet – ein Libido-Objekt der Vernunft auf der Suche nach sich und der Wirklichkeit? Dem soll im dritten Teil weiter nachgedacht werden: neuzeitliche Inszenierungen des Gebets von Kant zu Derrida.

3. Neuzeitliche Inszenierungen des Gebets

Warum gerade neuzeitliche Inszenierungen des Gebets, warum gerade Kant und Derrida als philosophische Dramaturgen des Gebets? Hätte es nicht auch andere gegeben? In der Tat. Man hätte gerade vorneuzeitlich

noch ganz andere, imposante Religionsphilosophen aufführen müssen – nicht nur, um ihnen die nötige Reverenz zu erweisen, sondern vor allem um bei ihnen in die Gebetslehre zu gehen.[17] Epiktet z.B. als Stellvertreter einer stoischen Gebetsphilosophie hätte dabei erwähnt werden müssen – ebenso wie etwa Plotin als Vertreter einer mystischen Philosophie, die das Gebet zu integrieren und sehr wohl zu inszenieren weiß. Augustins Confessiones hätten als besondere Gebetsform dabei ebenso wenig fehlen dürfen wie die philosophisch-theologischen Überlegungen eines Thomas von Aquin, der dem Gebet die rechte, aufs Natürliche aufbauende christliche Denkform zu geben hoffte.[18]
Sich trotzdem erst mit der Neuzeit zu beschäftigen, muß daher besonders begründet werden. Und diese Gründe gibt es. Sie haben direkt zu tun mit unserem Thema, mit Philosophie und mit dem Gebet, das, wenn man so will, ein typisch neuzeitliches ist. Erst mit der Neuzeit entwickelt sich eine eigentliche und eigenständige Philosophie, eine Wahrheitssuche, die von der Theologie als Leitwissenschaft sich emanzipierte, um so den Menschen zu emanzipieren, ihn durch praktische Vernunft mündig zu machen. Der Vorbote dafür war Luther, der zwischen Vernunft und Glaube, Philosophie und Theologie einen Trennungsstrich zog.

Die Reformatoren – der mittelalterliche Anbruch der Neuzeit

Dieser Trennungsstrich befreite die Vernunft von ihrer soteriologischen Überlastung und Instrumentalisierung zur Gotteserkenntnis. Dafür ist die Vernunft nicht nur nicht geeignet, sie läuft in die Leere einer ‚theologia gloriae'. Derzufolge die Welt voll ist von Gottes Gegenwart, diese aber gerade deswegen nicht ergriffen und begriffen werden kann und so den Menschen bei sich selber behaftet. Die wahre Theologie dagegen ist eine durch das Gebet erschlossene

---

17 Was Fülle der Gebete und der Reflexionsformen zum Gebet aus dem Blickwinkel der Philosophie betrifft, so ist das Buch von Friedrich Heiler, Das Gebet. Eine religionsgeschichtliche und religionspsychologische Untersuchung", München 1923, 5. Auflage, noch immer eine wertvolle Fundgrube. Vgl. dazu vor allem Kapitel E: Gebetskritik und Gebetsideale des philosophischen Denkens (200–219).

18 Für die Rekonstruktion der Gebetsreflexion im Werk von Thomas von Aquin wichtig ist das Kapitel „Die theologisch transzendente Interpretation des Bittgebets" in Hans Schaller „Das Bittgebet. Eine theologische Skizze", Einsiedeln 1979, 57–72. Vgl. auch Lydia Bendel-Maidl, Gotteserfahrung im Gebet und Kirchenreform. Girolamo Savonarola und Thomas von Aquin, FZPhTh, 46,199.

und vermittelte Erkenntnis der heilsamen Gegenwart Gottes. Und das Gebet vermag dies, weil es Bitte ist, Ausdruck, mehr noch: Vollzug der Geschöpflichkeit des Menschen und darin (An-)Erkenntnis Gottes: Gott wird als Gott erkannt, der Mensch darin durch Gott anerkannt und ins Recht gesetzt. Gebet ist Selbstvergegenwärtigung Gottes und somit die einzige Rechtfertigung des Menschen. So wird Vernunft ins Recht gesetzt, indem sie zu sich selber befreit wird. Wie allerdings diese zu sich selbst befreite Vernunft zum befreienden Gebet ins Verhältnis zu setzen ist, haben die Reformatoren nicht mehr reflektiert. Somit wurde die Vernunft prinzipiell vom Gebet, das Gebet ebenso von der Vernunft frei. Und damit entstand die ungelöste Aufgabe, aus den befreienden Trennungsstrichen wieder Bindestriche zu machen, um Differenzen sichtbar zu machen, nicht um sie aufzuheben.

Zentrum dieser emanzipatorischen Bewegung oder auch ihre Ikone ist das denkende und selbstverantwortend handelnde Subjekt und nicht mehr Gott, seine geoffenbarte Wahrheit. Das bedeutet nun nicht: in der Neuzeit nehme der Mensch die Stelle Gottes ein, sondern der Mensch schickt sich an, selbständig, eben ohne Gott in der Welt, zunächst in der Welt Gottes, dann in der Welt des Menschen, sodann heute in der künstlich hergestellten Welt zu existieren. Dieses denkende Subjekt tritt nicht an die Stelle Gottes, sondern neben den gottsuchenden und das heißt betenden Menschen tritt das denkende Subjekt; es tritt die Nachfolge des frommen Beters an – gestärkt mit allen Verheißungen des traditionellen Betens, einzig mit dem jedoch entscheidenden Unterschied, diese Verheißungen nun auf eigenes Risiko selbstdenkend und handelnd zu verwirklichen. Das Projekt Gebet kommt in menschliche Hände. Und umgekehrt werden die menschlichen Hände für das Beten unbrauchbar, betende Hände zu Ikonen eines nicht mehr möglichen und nötigen Betens.

Betende Hände: Von Albrecht Dürer zur stummen Kattrin

Dies verdeutlicht sich durch die Herauslösung der betenden Hände aus dem religiösen Kontext – etwa durch die Darstellungen Albrecht Dürers. Ursprünglich gehörten diese berühmt gewordenen betenden Hände zum Apostel und dieser zur Anbetungsszene der Himmelfahrt Mariens, einem Altarbild von Dürer. Zu den Vorarbeiten des Künstlers dazu zählen die „betenden Hände“, Einzelstudien, durch die die „betenden Hände“ aus dem ‚katholischen‘ Kontext gelöst und zur freischwebenden Ikone vor allem evangelischer Frömmigkeit wurden. Als solche stehen sie nicht nur für ‚Gebet', sondern als sprachloser Gestus zugleich für die Unfähigkeit, beten zu können. Jedenfalls in Jean Pauls ‚Rede des toten Christus vom Weltgebäude herab, daß kein Gott sei' ist in einer Traumszene die Antwort auf das Beten nur ein ‚stummes Nichts'. Nochmals wird ein Gebet versucht: „Er hob die Hände empor und faltete sie zu einem Gebete; aber die Arme verlängerten sich und lösten sich, und die Hände fielen gefaltet hinweg." Und wie die Verwirklichung dieser Traumszene liest sich der Tod der stummen Kattrin in Brechts Mutter Courage. Während die Umstehenden aus Angst vor den feindlichen Soldaten beten (und damit ihre Hände in den Schoß legen), trommelt die stumme Kattrin auf dem Dach, warnt und rettet die Stadt und wird von den Soldaten erschossen.

3.1. Vom „Ich bete, weil ich bin" zum „Ich denke, darum bin ich."

Dieser Ablöseprozeß des betenden Menschen durch das denkende und handelnde Subjekt ist vielfältig und langsam, die Spuren dieses Prozesses verwischt. Das hat seine guten Gründe. Das Neue, das cogito, ergo sum, muß sich Bahn brechen, seinen Weg finden in einem theozentrischen Weltverständnis und zugleich aus diesem System herausfinden. Für diesen Prozeß mag Descartes stehen. Seine Entdeckung, daß das selbstdenkende, handlungsleitende, weltbeherrschende Subjekt das unhintergehbare Fundament aller Erkenntnis des Wirklichen ist, löst in ihm zunächst keine Freude, sondern Todesängste aus – denn damit hat er Gott als Garanten des Seins und der Erkenntnis überflüssig gemacht. Und was tut Descartes in seiner Not? Er betet. Er vergewissert sich sozusagen des Zuspruchs Gottes, um selber weiterdenken, selbstständig vernünftig handeln zu können. Noch einmal, vielleicht zum letzten Mal in der Geschichte des Abendlandes greift das Subjekt heimlich auf das Gebet zurück, um sich seiner selbst zu vergewissern und gleichzeitig das Alte zu verabschieden.

Nachdem Descartes ein Fundament des Wissens der Erkenntnis entdeckt hat, hatte er in der Nacht drei Träume. Er erwacht und betet zu Gott. Am nächsten Morgen deutet er seine Träume: die Angstträume als Hinweis auf sein bisheriges, sündiges Leben gegen Gott, die Notwendigkeit zur Umkehr und der neue Weg als Weg, auf den Gott ihn schickt. Die dunklen Träume der Nacht, in denen die Ungewißheit wach wird und die Gebete, in denen diese verarbeitet wird, entschwinden beim Anbruch des Morgens und weichen der taghellen Erkenntnis, in der Be-Gründung des Wissens durch das Subjekt gerechtfertigt zu sein.[19]

Und gewiß gemacht durch das Gebet tilgt es sogleich alle Erinnerungen an diesen Moment. Das Gebet wird in die dunkle Vorgeschichte des Denkens verwiesen – eine Geschichte, die es aufzuhellen gilt mit dem Lichte der Vernunft, um den Menschen endgültig zu emanzipieren, ihn mündig zu machen – d.h. ohne Vormund zu leben. Die befreiende Unterscheidungskraft des Gebets (heilsam zwischen Gott und Mensch zu unterscheiden und so ins Recht zu kommen) geht über in die Unterscheidungskraft der Vernunft (zwischen dieser Welt pragmatisierter Vernunft und jener Welt jenseits davon), die sich vom Gebet zu unterscheiden lernt. Was dieses bedeutet, wie dies inszeniert wird, zu welchem Ende es führt, das soll nun an zwei Philosophen der Neuzeit skizziert werden: zunächst an Kant, der den Anfang, sodann an Derrida, der das Ende dieser Neuzeit, des neuzeitlichen Gebrauchs der Vernunft durch das mündige Subjekt markiert. Und in beiden Fällen spielt das Gebet eine wichtige Rolle.

3.2. Immanuel Kant

Für Immanuel Kant, den Denker der neuzeitlichen Vernunft, ist das Gebet auf den ersten Blick kein herausragendes Thema. Erwähnt wird das Gebet zwar schon, und dies speziell in seiner religionsphilosophischen Schrift „Religion innerhalb der Grenzen der bloßen Vernunft“[20] – und für die neuzeitliche Philosophiegeschichte signifikant: als typische Randbemerkung eines Philosophen. Im letzten Teil seiner Religionsphilosophie, in dem er kritisch zwischen wahrem, vernünftigem und fal-

---

19 René Descartes, Olympica, in: ders., Oeuvres (ed. Adam et Tannery), Bd. X, Paris 1974, 179–181.

20 Immanel Kant, Religion innerhalb der Grenzen der bloßen Vernunft, ders., Werke, Band 7 (Hg. Weischedel), Darmstadt 1983, 644–879.

schem, dem sogenannten After-Gottesdienst zu unterscheiden anleitet, kommt er in einer allgemeinen Anmerkung auf das Gebet zu sprechen. Zu dieser Anmerkung macht er nochmals eine Anmerkung, die weit umfangreicher ist als der Text, auf den sie sich bezieht[21]. Gebet also, so könnte man sagen, hat sich zu einer Anmerkung zur Anmerkung entwikkelt, ist zur Fußnote im philosophischen Diskurs abgesunken – dort aber im Subtext der Vernunftphilosophie treibt sie ihre Blüten und sprengt die Ordnung des Textes. Das Gebet ist offenbar wichtiger, als es zunächst den Anschein hat.

Was aber sagt Kant über das Gebet? Zunächst wiederholt er den aufgeklärten Gestus philosophischer Gebetskritik: er unterscheidet zwischen dem falschen Gebet und führt ein ins wahre Gebet – und macht so das Gebet im vernünftigen Rahmen wahrheitsfähig, macht es vor dem Forum der praktischen Vernunft hoffähig. Das sinnliche Gebet, das im Wahn verhaftet ist, Gott zu beeinflussen, wird abgelehnt, das sittliche Gebet eingeübt, der naive Gebetsgestus überholt und eingeholt im wahren Geist des Gebets.

Kant hat sichtlich seine Lust am Gebet, indem er es mit allen Freuden zerteilt – und dies verdoppelt die Lust. Die eine Lust ist jene, das falsche Gebet zu entlarven, es zu denunzieren, in Mißkredit zu bringen, kurz: dieses befremdlichen Gestus Herr zu werden. Kant schreckt hier – ganz unphilosophisch, emotional – vor kaum einem Vergleich aus dem Horrorszenario der aufgeklärten Vernunft zurück. Die falsche Gebetspraxis ist: ‚Wahnsinn', ‚Zauberei', ‚Fetischmachen', ‚Afterdienst', ‚Schleichweg', ‚Selbsttäuschung', ‚Unlauterkeit', ‚Surrogat', ‚Gunsterwerb' (im Sinne von Prostitution) und anderes mehr. Hier wird das Gebet nicht nur bedacht, sondern zu Ende gedacht. Und dies nicht nur theoretisch: Gefangenen eines naheliegenden Gefängnisses versucht er sogar, das laute Gebetssingen zu verbieten, wohl in der Meinung, daß diese Haltung ty-

21 A.a.O., Allgemeine Anmerkung (865–879). In dieser Anmerkung wird das Gebet an erster Stelle behandelt, dazu findet sich dann eine weitere Anmerkung (871–873).

pisch für Unmündige sei, sich auf diese Ausrede aller Unmündigen, das Gebet als Mutter aller Sprachbegierden, einzulassen. Auf der anderen Seite, der wahren Seite, wird es in die himmlischen und luftigen Höhen des Geistes gehoben, wird zur Grundform der praktischen Vernunft, zum Geist des transzendentalen Subjekts.

„Ein herzlicher Wunsch, Gott in allem unserm Tun und Lassen wohlgefällig zu sein, sein, d.i. die alle unsere Handlungen begleitende Gesinnung, sie, als ob sie im Dienste Gottes geschehe, zu betreiben, ist der *Geist des Gebets*, der ohne Unterlaß in uns statt finden kann und soll.“[22]

Dieses braucht keine Hilfe von außen, sondern setzt sich selber auf dem Kampfplatz der empirischen Welt durch. Das von allen Lüsten, von aller vorlauten Sprache befreite Gebet wird zum stillen Begleiter, das bei der Sache halten soll: nicht durch fremde Hilfe Ziele jenseits der menschlichen Existenz zu erreichen hoffen, sondern sich selber zu überwinden, alles Triebhafte zu verwinden und so zu sich selber zu finden und bei der Sache zu bleiben.

Es ist, wenn man so will, ein lustvoller Doppelgriff nach dem Gebet: zum einen wird das Gebet als Geste, Gebärde, Begierdensprache denunziert, zum anderen wird es als Geist und Grundform aller Vernunft hofiert. Kurz: aus dem Gebet wird etwas gemacht, aus ihm etwas herausgeholt, es wird ausgebeutet zur Stabilisierung oder – theologisch gesprochen – auch Vergewisserung des denkenden Ich, des transzendentalen Subjekts bei seiner Vernunftarbeit. Diese Aneignung des Gebetsgeistes hier macht das Gebetsgeschehen dort fremd; fremd wird der andere, verdrängte Gott des Gebets dem eigentlichen Geist des Gebets; fremd wird der Mensch sich selber: der empirische Mensch betet noch real, der mündige Mensch, das Vernunftsubjekt betet im Geist. Das Gebet wird zum ungeliebten Zwillingsbruder der Vernunft, weil es an den gemeinsamen Vater erinnert. Eine Versöhnung ist ausgeschlossen.

---

22 A.a.O., 870f.

Hier liegt eine gewisse Tragik Kants wie jener von ihm gedachten vernünftigen Moderne. Er oder sie, beide finden das Gebet nicht mehr, das eine Vernunft an ihren Grenzen bräuchte. Eine solche Grenze der Vernunft ist das Erhabene, das andrängt und einbricht, etwa in besonderen Erlebnissen und Ereignissen. So kann es auch Kant hinreißen beim Anblick eines Naturereignisses: „Da stand mein Verstand stille, da war nichts dabei als hinzufallen und anzubeten."[23] Die andere Grenze ist die des Leidens. Hier erlaubt er einem leidenden Hiob sein Gebet, das aber alsbald verstummen muß. Denn die Gesinnung, die nicht die Moral auf den Glauben, sondern den Glauben auf die Moralität gründet, braucht das Gebet der Lippen nicht mehr. Kurz: Grenzerfahrungen drängen zum Gebet – und doch hat dieses Gebet keine Bedeutung mehr für die Vernunft. Sie bleibt sich selber fremd, verbleibt in ihrem Widerspruch. Deren einzige Aufgabe ist es, ihre Grenzen gegen solche Einbrüche, Einbrüche des Anderen, des Fremden, Gottes zu schützen. Doch: Welches Denken wäre in der Lage, den verdrängten Zugriff der Vernunft auf das Gebet nochmals zu denken? Welche Sprache wäre fähig, von dieser Differenz nochmals Zeugnis abzulegen? Wie endet die aus dem Geiste des Gebets geborene Neuzeit? Damit von Kant zu Derrida.

3.3. Jacques Derrida

Derrida ist in gewisser Weise Antipode zu Kant. Und dies schon ganz äußerlich. Während Kant aus dem protestantischen Hintergrund oder Untergrund heraus in einem deutschsprachigen Raum philosophiert, tut Derrida dies aus einem jüdischen Hintergrund in einem frankophonen Umfeld. Während Kant Königsberg nie verlassen hat und denkend die Welt entdeckt hat, lebt Derrida exzentrisch: außereuropäisch, nämlich in Algerien geboren, betrachtet und betreibt er Europas Denken immer auch von außen. Markiert Kant den Beginn neuzeitlicher Philosophie,

---

23 Vgl. dazu Alois Winter, Gebet und Gottesdienst bei Kant: nicht ‚Gunsterwerbung', sondern ‚Form aller Handlungen', ThPh 52, 1977, 341–377.

indem er ihn auf den Begriff bringt, so markiert Derrida deren Ende, indem er die Begriffe der Philosophie nochmals auf das hin untersucht, was sie antreibt und umtreibt[24] – und was sie dennoch verschweigen.

So unterschiedlich sie also sind, die Philosophie, was auch immer das ist, verbindet sie – und in dieser Tradition verbindet sie die Stellung wie die Stellungnahme zum Gebet. Es ist bei beiden kein zentraler Topos, vielmehr eine zufällige Randerscheinung. Nicht verlorenes Buch, nicht Fragment, wie bei Aristoteles, nicht Anmerkung zur Anmerkung wie bei Kant, sondern eher zufällig sich einstellend im Buch mit dem signifikanten Titel: „Wie nicht sprechen. Verneinungen" – einer Art Derridascher Religionsphilosophie[25]. Signifikant deswegen, weil das Gebet, eigentlich ein Reden besonderer Art, Begierdensprache, für Derrida erst dort in den Blick kommt (oder zu Gehör gebracht wird), bei dem das Nicht-Sprechen zum Thema wird. Was dieses Nicht-Sprechen bedeutet und wie das Gebet sich auf der Suche nach dem Nicht-Sprechen einstellt, das soll hier kurz skizziert werden.

---

24 Aus der Vielzahl der Arbeiten zu Derrida sei genannt: Heinz Kimmerle, Jacques Derrida zur Einführung, Hamburg 1997, 4. überarbeitete Auflage. Der religiöse Hintergrund Derridas philosophischen Denkens erhellt sich etwa in dem Gespräch Elisabeth Webers mit Jacques Derrida unter dem Titel „Zeugnis, Gabe" in: Elisabeth Weber (Hg), Jüdisches Denken in Frankreich, Frankfurt 1994; 63–90. Ein naheliegendes Mißverständnis ist es jedoch, wenn man versuchte, im Rückgriff auf eine in sich feststehende, nach außen evidente religiöse Biographie das Werk oder auch nur das religionsphilosophische Denken Derridas zu rekurrieren. Die Biographie ist in der (Religions-)Philosophie Derridas, in seinem Schreiben zu entdekken, steckt in der Schrift, in der ‚graphe', die es nach Derrida eben nicht gibt, sondern sich ergibt, sich entfaltet im Denken und dort verborgen bleibt.

25 Damit ist nicht gesagt, daß Derrida selber bewußt eine Religionsphilosophie entwickelte. Vielmehr steckt in seinem Denken der Schrift, dem differenzierenden Prinzip der Wirklichkeit vor deren logozentrischer Wahrnehmung, ein zutiefst atheologischer Impuls, der nicht einfach religiös eingeholt oder überhöht werden darf. Jedoch: die strikte Dekonstruktion eines onto-theologischen Denkens, ist sie nicht selber religiös, verdankt sie sich nicht selber theologischer Reflexionsformen? Zudem scheint Derrida sich im Zuge seines Denkens immer unverkrampfter theologischen Fragestellungen und religiösen Phänomenen zuzuwenden – etwa in seinem Aufsatz „Theologie der Übersetzung" in: Alfred Hirsch, Übersetzung und Dekonstruktion, Frankfurt 1997, 15–36.

„Wie nicht sprechen" setzt damit bei der Erfahrung ein, daß ein Nicht-Sprechen nicht möglich ist. Sprechen – und das heißt bei Derrida sowohl Reden als Denken, Vernunft und das entsprechende Handeln – all das ist unvermeidlich, es ist ein Zwang, ein fremdes Gesetz, eine Notwendigkeit. Immer schon sind wir sprachhandelnde Menschen, sind wir Menschen, insofern wir sprachbehandelt werden. Solches Sprachhandeln ist nicht ziellos, sondern hat ein Ziel: die Wirklichkeit, die ent-sprechend vernünftig verwirklicht werden und zur Sprache kommen soll, die vergegenwärtigt werden soll. An diesem Punkt sind Philosophie und Religion sich ähnlich. Im wahren Denken geht es um die Gegenwart der Dinge, in der wahren Religion um die Gegenwart Gottes, um Wirklichkeit im umfassenden Sinn. Aber all dieses Ver-Gegenwärtigen setzt immer voraus, daß Wirklichkeit gerade nicht gegenwärtig ist, daß es der Wirklichkeit an Gegenwart mangelt. Dieser Mangel ist nicht das Ende des Denkens, sondern er läßt sich nochmals denken. Derrida nennt dafür zwei traditionelle abendländische Sprach- und Denkformen: das verneinende Denken der griechischen Philosophie, das mystische Denken christlicher Tradition. Sie besagen gemeinsam: Die Wirklichkeit ist in Wahrheit mehr und nochmals anders als all das, was man sagen kann, sie ist das unausdenkbare, unaussprechliche X. Es geht also um ein Sprechhandeln, das über sich hinausgeht, das die Grenze, das Schweigen, das Nicht, das Andere aufnimmt und so zum Logos jenseits des Logos wird. Griechisches und Christliches, Religion und Reflexion lassen sich also von der Grenze der Sprache nicht abhalten, sondern greifen aus auf das Unsprachliche, greifen denkend auf die Dinge, greifen anbetend auf Gott, und bringen selbst das Jenseits der Sprache zur Sprache. Sie verwirklichen so, was in der Sprache verheißungsvoll anklingt: Präsenz der Dinge, Gottesgegenwart – und bringen diese doch nie zustande. An dieser Stelle nun stellt sich bei Derrida, wohl für ihn selber überraschend, das Gebet ein.

„Es müßte in jedem Gebet eine Adresse an den anderen als anderen geben und ich möchte sagen auf die Gefahr hin zu schockieren, Gott zum Beispiel. Als Akt, sich an den anderen als anderen zu adressieren, muß er gewiß beten, das bitten, anflehen, ersuchen. Worum, das zählt wenig, und das reine Gebet bittet den anderen um nichts anderes als es anzuhören, es anzunehmen, für uns gegenwärtig zu sein, der andere als solcher, Gabe, Ruf und sogar Ursache des Gebetes zu sein."[26]

Das Gebet ist nichts Besonderes, was hinzutreten müßte, sondern etwas Bekanntes, was, immer schon vorhanden, jedoch wiedergeholt wird aus der Tiefe der Sprache, in die es verschwunden war. Es wird wiedergeholt, weil es wiederholt, was in Vergessenheit geraten ist: daß in jedem Sprechhandeln noch irgendetwas Anderes, Fremdes, Umtriebiges, Zwanghaftes ist: ein produktiver Mangel. Etwas Fremdes, das immer anwesend ist, ohne aber recht zur Sprache zu kommen; etwas, das nicht repräsentiert werden, nicht vergegenwärtigt werden muß noch kann, weil es schon gegenwärtig, am Werk ist. Es ist am Werk, indem es von sich reden macht, ohne daß man es benennen kann, weil schon alles gesagt, alles schon entsprechend behandelt wurde – quasi ein nichtvorhandenes Rumpelstilzchen. Es hat keinen Namen und man kann sich keinen Begriff davon machen, es ist aber nicht das Andere, denn auch davon weiß man zu reden. Es muß jenes Andere sein, von dem man nichts weiß und das in allem Wissen steckt. Deswegen muß man beten. Man muß Adressieren, eine Adresse suchen, ohne daß es einen Adressaten gibt. Man muß im Akt des Adressierens nochmals von jedem möglichen und vorstellbaren Anderen Abschied nehmen. Jedes Gebet ist eine Rede an Gott und eine Verabschiedung des Angeredeten. Dieses reine Gebet markiert also in der Sprache das Andere zu ihr, mehr noch: inszeniert die Gegenwart des Anderen durch Abschiednahme vom Anderen. Muß dieses Andere nun nicht mehr repräsentiert werden, wird die Wirklichkeit selber präsent, zwar nicht wie sie ist – so konnte man in frühen Tagen der Naivität noch glauben –, wohl aber immer anders als sie ist. Die Anwesenheit des abwesend Anderen bewirkt, erschließt, eröffnet immer andere Anwesenheit. Man könnte auch sagen: das Gebet läßt den Sprecher sich verlieren und sich als einen Anderen wiederfinden, einfinden am fremden Ort, es verortet ihn in der Welt, die immer anders ist, als es den Anschein hat. Für diesen Verfremdungseffekt des Gebets, eigentlich und

26 Jacques Derrida, Wie nicht sprechen. Verneinungen, Wien 1998, 76.

nichts anderes als eine kleine Verschiebung, steht bei Derrida die Schrift. Sie ist jene Differenz, die Eigentliches suchen und immer anderes finden läßt. Sie macht den Beter zum Leser fremder Texte, nimmt ihn in eine Unzahl von Buchstaben und Lesarten des Wirklichen hinein, in denen und zwischen denen sich Wirklichkeit einstellt.

„Vielleicht gäbe es gar kein Gebet, gäbe es gar nicht die Möglichkeit des reinen Gebets ohne dieses, welches wir als eine Bedrohung oder eine Kontamination erahnen: die Schrift, der Code, die Wiederholung, die Analogie oder die – zumindest augenfällige – Vielfältigkeit der Adressen, die Initiation.“[27]

Dies führt nun dazu, daß das Gebet selbst, die Erinnerung an die Möglichkeit des Betens sich verlieren muß, um eingehen und aufgehen zu können in der immer anderen Wahrnehmung des Wirklichen. Solches Ver- und Vollenden des Gebets traut Derrida weniger dem griechischen Denken oder der christlichen Frömmigkeit zu. Das Judentum, das arabische Denken, auch die Philosophie, jedenfalls jene Heideggers, betraut er mit dieser Aufgabe. Heidegger habe das wahre Gebet vollzogen, indem er nicht vom Gebet gesprochen habe, indem er vom wahren Sein geschrieben habe und dieses Wort zugleich durchgestrichen habe, weil es dieses nicht gibt, es sei denn: durchgestrichen. Das ist die wahre Rede von Gott, die nur im Gebet vollzogen wird, das nicht mehr erscheint.

Diese Verabschiedung ist nun Derrida so ganz geheuer nicht, denn dem Gebet ein Ende zu bereiten, um es zu vollenden, das klingt immer noch nach einer Philosophie der frommen Eigentlichkeit, weil es den Gestus des logischen Denkens bei der nicht vorhandenen Eigentlichkeit behaftet und so melancholisch macht. Vielmehr inszeniert Derrida das Gebet als Veränderung der Sprache selber, läßt das Gebet eingehen und aufgehen in Sprache – um diese ihre alte Logik und Ordnung zu nehmen. Er betet schreibend, indem er den Redesinn vernichtet:

---

27 A.a.O., 110.

„Um zum Schluß zu kommen … Gegenzeichneter Gott, Gott, der du dich in uns bekreuzigst, laß uns lachen, amen, sic, si, oc, oil."[28]

Da ist es wieder, das Gebet in der Philosophie, und mit ihm kommt das Lachen wieder – und beides kommt, indem die Sprachordnung, der Sinn aufgehoben wird. Das Andere zum Denken läßt sich nicht denken, ohne daß das Denken selber aufgehoben wird. Mit dieser Wiederkehr des Gebets in die Philosophie, samt Rhetorik und Poetik aber ist – so ist zumindest Derridas Idee – die Philosophie überfordert. Und deswegen erwägt er zum Schluß eine andere Möglichkeit des Gebets. Und es ist bezeichnend: wieder am Schluß, ein Postscriptum, ein Zusatz, nachdem alles gesagt und gesetzt ist:

„Wenn es eine reine Erfahrung des Gebetes gäbe, bräuchte man dann noch die Religionen, die Theologen? … Eine Theologie, wäre sie möglich?"[29]

Zum Schuß also das Gebet – ein verrücktes Sprachspiel, das den Sinn ent-setzt, das sich schriftlich einstellt, an Stelle eines verlorenen reinen Gebets. Und am Schluß die offene Frage: Eine Theologie, wäre sie möglich? So endet Derrida, so endet auch die Geschichte neuzeitlicher Gebetsphilosophie. Aber beginnt hier auch die Theologie und wenn ja, wie?

4. Wäre sie möglich, eine Theologie des Gebets?

Die Frage, ob sie möglich ist, eine Theologie des Gebets, ist eine nicht ungefährliche Zumutung für die Theologie. Würde die Theologie hier ja sagen, müßte sie Rechenschaft ablegen über die Möglichkeit des Gebets im vorgegebenen Rahmen der philosophischen Frage, müßte Gründe nennen, um nicht aus dem Rahmen der Vernunft zu fallen, der ihr mit der Frage zufällt. Würde die Theologie hier antworten, müßte sie mehr wissen, als die Philosophie weiß, und sogar unendlich mehr wissen als

---

28 Ders., Ulysses Grammophon, Berlin 1988, 39.
29 Ders., Wie nicht sprechen, a.a.O., 110.

diese, wissen, was es mit Gott auf sich hat, was das Gebet in sich hat. Wenn es aber stimmt, daß die Philosophie das Gebet zu Ende gedacht hat, in zeitlichen Gestus und zeitloses Grundgeschehen aufgeteilt hat, wenn dadurch die Vernunft sich des Gebets mächtig erwiesen hätte, so mächtig, daß sie zu beten verstanden hätte, was bliebe dann noch zu tun für die Theologie, wenn doch ihre ur-eigene Wurzel, das Gebet, in dieser Philosophie aufgeblüht und in der Arbeit der Vernunft an der Wirklichkeit aufgebraucht ist? Der mögliche Ausweg, die Philosophie der Vernunft zu überbieten, theologisch mehr oder gar Besseres als das Vernünftige zu sagen und somit dem Gebet Sprachraum zu verschaffen, ist ein Irrweg. Denn er verführt zur Wirklichkeit jenseits der Wirklichkeit statt in das Geheimnis der Wirklichkeit, gestattet sich metaphysische Fluchten und macht die Rede von Gott und zu Gott in der Welt sprachlos. Am Ende stünde das vielstimmige Gottesschweigen. Der andere Ausweg für die Theologie, wesentlich weniger zu sagen, als die Philosophie der Vernunft sagen weiß, wäre dieser möglich? Wäre weniger mehr? Weniger zu denken als möglich – das wäre unweigerlich verbunden mit dem Hinweis auf eine letzte Unmöglichkeit des Betens in allen Möglichkeiten und damit auf eine letzte Unmöglichkeit der Vernunft. Der Ausweg, er führte also ebenso ins Schweigen – ob auf diesem oder jenem Weg. Zufällig ist es wohl nicht, daß Gebets-Theologien der Gegenwart mit der Vernunft am Ende verstärkt um das Phänomen des Schweigens als eigentlichem Ur-sprung des Gebets wie der Theologie kreisen[30]. Dieses Schweigen begleitet das Gebet wie die Rede vom Gebet und findet sich ein in der Erfahrung des Beters mit dem Beten, nicht beten zu können. Noch in der literarischen Inszenierung der Gebetsunfähigkeit – „Mit Lissa in der Kirche. Konnte nicht beten … Kunstgewerbevokabular … Mein Leben ist in der Gebetssprache nicht mehr unterzubringen.“ (Martin Walser, Halbzeit) – klingen die leidvollen Worte aus den Psalmen nach: „Mein Gott, mein Gott, warum hast du mich verlassen, warum bist du so fern meinem Flehen, dem Ruf meiner Klage!“

30 Vgl. dazu Judith Baßler-Schipperges, Gebet aus dem Schweigen. Eine religionsphilosophische Untersuchung zur Gebetssprache, Frankfurt 1997.

(Psalm 22,2). Und reflektiert werden diese gebeteten Nicht-Gebete bei Paulus, wenn er schreibt, daß wir nicht wissen, was wir beten sollen, wie sich's gebührt (Röm 8,26). Und woher sollten wir dann wissen, was das Gebet ist, wenn nicht in der Wahrnehmung der Unfähigkeit zum Gebet, in der Unmöglichkeit des Gebets? Diese Erfahrung einer letzten Unmöglichkeit des Gebets in den vielen Möglichkeiten wahrzunehmen, nötigt dazu, die Vernunft in ihren Möglichkeiten auf eine letzte Unmöglichkeit zu befragen. Das wäre eine mögliche Aufgabe einer Theologie des Gebets. Und dies soll kurz versucht werden.

4.1. Unerhörte Vernunft

Von Aristoteles bis Derrida gibt es eine Spur, viele Spuren des Gebets im Denken. Geht man diesen Spuren nach, so entdeckt man selten das Gebet des religiösen Gestus, aber man entdeckt, daß das Denken dabei in den Bahnen des Gebets, auf seinen Spuren (sich) verläuft. Das abendländische Denken holt das Gebet ins Denken hinein, holt ein, was das Gebet verspricht: Gegenwart Gottes, seinen Geist, seinen Sinn. Und es drängt das Gebet zugleich an den Rand, verdrängt es, es läßt auf diesem Weg den Körper des Gebets, den sinnlichen Gestus, das Unsinnige zurück, Markierung der Spur des Denkens. Damit wird das Denken, die Philosophie zum besseren Beten: während das Beten zu Gott sich in heilsame Beziehung setzt, nimmt das Denken diese Beziehung auf, nimmt Gott ernst, ins Denken und die Sprache hinein – und was da nicht hineingeht, was nicht brauchbar ist, wird abgedrängt, verdrängt, kurz: wird zum bedrohlich Fremden. Dabei spaltet die Vernunft die Wirklichkeit in Geist und Gestus, Wahrheit und Materielles, spaltet dabei Gott als Grund des eigenen Denkens und Abgrund des Fremden. Sie produziert im Zugriff auf die Wirklichkeit damit jene Differenzen, derer sie nicht Herr wird, ist sie doch Entfaltung dessen, was in der Falte des Denkens, der Sprache, der Vernunft und des Handelns eingefaltet war: Gottes Gegenwart.[31]

[31] Dies bedeutet gerade nicht, daß es da ein ursprüngliches Etwas gegeben haben müßte, das entfaltet wird, sondern daß ursprünglich die Falte ist, das Übereinander

Diese Differenz wahrzunehmen, als die Wahrheit der in sich gespaltenen Wirklichkeit zu nehmen, dazu könnte das Gebet verhelfen, wäre es noch vorhanden und nicht längst aufgebraucht. Hält sie dies durch, bleibt die Vernunft Gebet ohne Gebet, unerlöstes und unerhörtes Gebet, offenes Gebet.[32] Am Ende versteht Vernunft zu beten, indem sie das Gebet verweigert und so bei sich selber bleibt, also vernünftig wird.

Hinter dieses philosophische Gebetsverständnis wird man zurückfallen, wenn man es theologisch, d.h. auf Gott hin prolongiert, mit göttlichem Geist füllt und damit besser verstehen will, als es sich selbst versteht. Die Frage jedoch ist eine andere: wie denn nun diese Offenheit gewahrt werden könnte. Kapitel 8 des Römerbriefes könnte hier als Antwort gelesen werden. Die Offenheit wird gewahrt, wo die Offenbarung als Offenbarwerden der Söhne Gottes sich einstellt. Und dies geschieht durch das Einstimmen in das Seufzen der Kreatur. Das ist das unerhörte Gebet, in das der Geist den Menschen nimmt und zum Gotteskind macht. Er hilft der Schwachheit auf, indem er diese nicht aufhebt, sondern wirklich werden läßt.

4.2. Fremdes Gebet

Wie aber kommt die Vernunft als unerhörtes Gebet zu sich selber, zu unerhörtem Gebet, in das sie einstimmen könnte? Der Philosoph Dieter Henrich[33] sieht das Denken am Ende in Bewegung auf den Dank und die Dankbarkeit.

– etwa von Stoff und Stoff, von Text und Text, von Glauben und Denken – und zwar in jenem Moment, wo diese sich öffnen und Einblicke eröffnen auf das Dazwischen. Eine solche Ent-Faltung als Grundzug der zweiten Moderne darzustellen, dies versucht Edmund Arens „Was heißt in der entfalteten Moderne an Gott glauben?" (Bulletin Europäische Theologie, 10, 1999, 15–24).

32 Vgl. dazu den Aufsatz von Emmanuel Levinas ‚Vom Beten ohne zu bitten. Anmerkungen zu einer Modalität des Jüdischen', in: Breuning/Heinz (Hg.), ‚Damit die Erde menschlich bleibt', Freiburg – Basel – Wien, 1985, 62–70.

33 Dieter Henrich, Gedanken zur Dankbarkeit, in: Reinhard Löw (Hg.), Oikeiosis. Festschrift für Robert Spaemann, Weinheim 1987, 69–86.

„Denn die Bewegung des Denkens, in der sich Distanz und Rückkehr ausbilden, ist überhaupt dort erst erfüllt, wo das bewußte Leben frei wird für die Dankbarkeit und wo, wann immer es zu danken hat, der Dank wirklich in ihm aufkommt, – wo also die Gedanken zur Dankbarkeit sich aufgeschlossen haben.“[34]

Kommt das Denken wirklich selbst-denkend zum Gebet? Oder bleibt es dabei gnadenlos auf sich selber verwiesen? Müßte nicht das Gebet als das Andere zum Denken sich von selber einstellen, als Widerstand zum Dankesdenken? Müßte nicht dieses andere zum Denken, in der Form des ausgehöhlten, an den Rand gedrängten Körper des Gebets, des Gestus, des Ritus, des sinnlichen Gebets und als Lust an der Sinnlichkeit, Lust an der unbrauchbaren Körperlichkeit? Für die Wahrheit braucht man dieses Gebet eigentlich nicht – aber: kann es Wahrheit geben ohne Unbrauchbares, Nutzloses, Zufälliges? Durch das Gebet belehrtes Nach-Denken müßte einsetzen mit der sinnlos gewordenen, keinem Sinn mehr gehorchenden Sinnlichkeit des Gebets. Statt unendlicher, ermüdender, langweiliger, unerschwinglicher Wiederholung des einen wahren Gebets, statt denkender Rekonstruktion des Gebets mit guten Gründen aus dem Grund oder über dem Abgrund des Wirklichen Entdeckung der vielen Gebetsformen – anstelle jenes ursprünglichen, eigentlichen, aus Gott oder dem Ich kommenden Gebet. Das liegt durchaus auf der Linie einer Philosophie des Gebets, die daran interessiert war, den Mythos der Originalität des Gebets zu durchschauen, die Eigentlichkeit des Betens aufzulösen und sich das Wesentliche selber anzueignen. So geht der Glaube an die Ursprünglichkeit, die Originalität des Gebets, das Original verloren. Und so könnte auch der philosophische Glaube an die Originalität, Ursprünglichkeit und Anfänglichkeit des Denkens sich überholen. Denken ist ursprünglich mit Nicht-Ursprünglichem, primär mit Sekundärem beschäftigt, mit Nach-Denken. Und es bedenkt, was dem Denken bleibt und nach dem Denken übriggeblieben ist. Und dies bedeutet, daß man sich am Ende des Gebets gerade nicht verschämt enthalten müßte, um es zu bewahren, es in einer „negativen Theologie“, die alle Lust an

34 A.a.O., 86.

Gott sublimiert, aufheben müßte, sondern daß man es brauchen kann – als heilsamen Widerstand zum Denken.
Ein solches Gebet, es läßt sich nicht in der Bewegung und durch die Bewegung des Denkens finden, sondern stellt sich von selber ein – als Widerstand zum Denken. Nicht der Logos lehrt beten, weder der fromme noch der feinsinnige, sondern der fleischgewordene Logos gibt Hilfen in der Gebetsaporie. So zeigt es sich in Lukas 11,1–4. Jesus lehrt die Jünger in ihrer Ratlosigkeit nicht das Beten, sondern gibt ihnen in ihrer Gebetsnot Worte, diese Not und sich in dieser Not zu entfalten. Er hilft beten und wird so, was verheißen ist, selber zum Gebet: „Gott ist meine Macht und mein Psalm“ (114,18).

4.3. Adieu und Amen – die Gewißheit der Endlichkeit

Wäre sie also möglich, eine Theologie des Gebets? Ja, wenn es ihr gelingt anzusetzen bei der Unmöglichkeit zu beten, jener zum Gebet gewordenen Vernunft, beim unerhörten Gebet der Vernunft, daß sie die Wirklichkeit letztlich nicht erfassen kann. Und alles Beten wäre nichts weiter als der Nachklang zu dieser Unmöglichkeit, ein immerwiederkehrendes Adieu sagen.

> „Ich setze voraus, daß *adieu* mindestens dreierlei bedeuten kann:
> 1. Der Gruß oder der erteilte Segen (vor jeder konstativen Sprache kann adieu genauso auch ‚guten Tag‘ … bedeuten).
> 2. Der Gruß oder der erteilte Segen in dem Moment, da man sich trennt und sich verläßt, manchmal für immer …
> 3. Das à-dieu, das für Gott oder vor Gott vor jeder und in jeder Beziehung zum Anderen, in jedem anderen Adieu. Jede Beziehung zum Anderen wäre, vor und nach allem ein Adieu.“[35]

Diese Rede, die Adieu sagt, setzt kein Ende, sondern eröffnet die Einkehr in die Endlichkeit, eröffnet die Wirklichkeit der Wirklichkeit. Sie

---

[35] Jacques Derrida, Den Tod geben, in: Haverkamp (Hg.), Gewalt und Gerechtigkeit. Derrida – Benjamin, Frankfurt 1994, 331–445; 375.

sagt ‚Amen', ja, so sei es und bekräftigt die Gewißheit der unendlichen Endlichkeit aller Dinge, der unfaßbaren Nähe Gottes.

Der bittende Gott – der betende Mensch

Eine vergessene Dimension christlicher Spiritualität

Gotthard Fuchs

> „Gott kannst du nicht mit einem anderen reden hören, sondern nur wenn du der Angeredete bist.“ (Ludwig Wittgenstein)

Im Neumünster zu Würzburg hängt bzw. steht eine (über)lebensgroße Kreuzesdarstellung, aus der Zeit um 1300. Die beiden Kreuzesbalken münden in ihren vier Strebungen jeweils in einem rosenförmigen Ornament. Das verstärkt vierfach den Eindruck des Kreuzes: das Mandala der Christen als Weltquadrat. Zugleich eröffnen die vier Blumenornamente den Raum für die Gestalt im Mittelpunkt: „Der erbermde Christus“ tritt dem Betrachter entgegen, mit der ganzen Innigkeit des mitleidenden Blicks, mit dem leicht gesenkten, nach rechts gewendeten Gesicht. Die Gestalt ist nackt, Rippen und Brustwunde treten hart hervor, das Blut der Geißelung rinnt die nackten Füße hinunter. Der Lendenschurz mit seinem gedämpften Goldton und der sparsamen Faltung verleiht der Gestalt einen eigentümlichen Frieden. Das Entscheidende an diesem Schmerzensmann – mit einem Nagel durch beide Füße fest verwurzelt im Kreuzesstamm, hat er die Arme von den Kreuzesbalken schon gelöst; die großen Nägel stecken noch in seinen Händen, als hätte er sich von dem Holz losgerissen, in dem die Löcher der Nägel noch deutlich zu sehen sind. Dieser Christus mit den genagelten Händen öffnet die gequälten Arme im Gestus des Umarmens. Der Oberkörper neigt sich dabei leicht nach vorne – zusammen mit dem fragenden, leidenden Blick entsteht das Bild einer unendlich einsamen, einer besonders warmherzigen Gestalt, die Verständnis sucht und Gefährtenschaft. Durch und durch gezeichnet von der eigenen Leidensgeschichte, aber ohne jede Bitterkeit, auch ohne narzißtische Selbstverschließung in Qual oder Genuß, steht dieser Christus am Kreuz, als wollte er dem Betrachtenden im nächsten Moment endgültig entgegenkommen in der Geste mystischer Umarmung, in der Gebärde des Werbens und der hilfesuchenden Bitte. Oder hat die Umarmung schon stattgefunden? Geht er ans Kreuz zurück? „Gott will uns als Mitliebende", hatte zur selben Zeit Duns Scotus formuliert.

Warum der Blick auf solch ein Bild christlichen Glaubens[1] zu Beginn unserer Überlegungen – zumal in Zeiten, in denen das Christentum neu im Verdacht steht, leidverliebt und gewalttätig zu sein, blutrünstig und opfersüchtig? Religionen, in denen solche Bilder von Gott und vom Menschen nicht im Mittelpunkt stehen, scheinen vielen attraktiver. Aber, mit Hans Waldenfels gefragt: „Könnte es sein, daß der Buddha dem Christus das Lächeln voraus hat, der Christus dem Buddha aber das Weinen?" Diese dringliche interreligiöse Fährte sei hier nicht weiter verfolgt. Der Blick auf den Christus vom Würzburger Neumünster soll eine Spur in der bisherigen Christentumsgeschichte stärker ins Bewußtsein heben, die sowohl in Dogmatik und Theologie wie in Liturgie und Spiritualität weithin vergessen wurde: Das mystische Glaubenswissen nämlich von der Not Gottes, vom armen Gott, der unserer bedürfen will, vom bittenden und wartenden Gott, der uns im Schmerzensmann aus Nazareth und in seinen Zeugen entgegenkommt: „An Christi statt bitte ich euch: Laßt euch mit Gott versöhnen" (2 Kor 5,19).

Beten ist in der Religionsgeschichte und auch im faktischen Christentum fast ausschließlich als Bewegung des Menschen zum Göttlichen hin, zu Gott, verstanden und praktiziert worden: Erhebung der Seele zu Gott, so lautet die jahrhundertelang prägende Spitzenformulierung. Daß Not beten lehrt, ist umgangssprachlich Ausdruck derselben Basisüberzeugung: Gott als der allmächtige, der tendenziell unbedürftige, vielleicht gar apathische – der Mensch als der bedürftige, der bittende, der betende. Diese Sicht der Dinge aber ist nicht nur einseitig, sondern fördert ten-

1 Vgl. Peter Dinzelbacher, Christliche Mystik im Abendland. Ihre Geschichte von den Anfängen bis zum Ende des Mittelalters, Paderborn 1994, 263.

Julius Bissier: *Frucht II*, 1937

denziell ein infantilisierendes Gottesbild, weil es die Wechselseitigkeit der Gottesbeziehung, die der Glaube ist, nicht wörtlich und erwachsen genug nimmt. Der deus semper maior steht hier derart im Mittelpunkt, daß der deus semper minor (et patiens) vergessen bleibt. Entwicklungspsychologisch ist ein Gebetsverständnis, das derart asymmetrisch den betenden Menschen abhängig sein läßt vom allmächtigen und allnährenden Gott, ein typischer Anfängerstatus. Je erwachsener im Glauben, desto „symmetrischer" die Gottesbeziehung und entsprechend auch das Gebet. Das sei in Kürze an einigen Texten und Gestalten der Glaubensgeschichte verdeutlicht, beginnend bei jener Frau, die als erste die „moderne" Erfahrung der „Gottesentfremdung" machte und beschrieb.

1.

Mechthild von Magdeburg (1207/10–1282 oder 1294) ist in ihrer „trunkenen Kühnheit" des Glaubens förmlich hingerissen von der wirkenden Gegenwart Gottes. Im dritten Buch ihres fließenden Lichtes ist es nicht zufällig die Braut des Hohen Liedes, die als Lehrerin und Meisterin der Minne auftritt und programmatisch als Antwort an die suchende Seele formuliert: „Hör mich, liebe Gespielin! Ich war selig halbtrunken vor Liebe. Darum sprach ich zärtlich nach dem Vermögen der Sinne. Wenn ich aber übertrunken werde, dann kann ich an meinen Leib nicht denken; denn die Liebe gebietet mir, und was sie will, das muß geschehen, und worauf Gott seine Hoffnung setzt, das wage ich"[2] (III 20). Das ist die „Sprache" einer an Gottesliebe „kranken", einer „minnesiechen" und förmlich „verrückten" Frau. Die Braut des biblischen Hohen Liedes und die Seele Mechthilds, des Menschen überhaupt, werden zu einer Gestalt: Selbst geliebt, können sie nicht anders als zu lieben. Worauf denn setzt Gott seine Hoffnung? Nur auf die Seele, nur auf den Menschen und die Gemeinschaft mit ihm: „Frau Seele, ihr seid so sehr in mein Wesen ge-

2 Alle Mechthild-Zitate aus: Das fließende Licht der Gottheit, herausgegeben von Margot Schmitt, Stuttgart 1997.

hoben, daß zwischen euch und mir nichts sein kann" (I 44). „Gott hat an allen Dingen genug, nur allein die Berührung der Seele wird ihm nie genug" (4,12). Gott – so die Erfahrung dieser Frau am Beginn der Moderne – ist demnach reine, förmlich unersättliche Sehnsucht nach dem Menschen. Er hofft auf ihn, auf seine Gegen-Liebe. Von Seiten der Seele (also des Menschen) heißt dies, „daß sie nichts als Gott zu essen vermag" (II 23). „Sie muß minnen und minnen und kann anderes nicht beginnen" (I 10). Es ist die Logik des Liebesgebotes, die hier existentiell ergriffen und gelebt wird.

Diese Minne ist ganz durchglüht von Gottes Entgegenkommen, von Gottes Liebe; sie wartet leidenschaftlich auf ihn und trifft dabei auf die Hinfälligkeit der irdischen Existenz. „Wenn meine Augen in Verlassenheit trauern und mein Mund einfältig schweigt und meine Zunge in Sehnsucht gebunden, und meine Sinne mich fragen Stunden um Stunden, was mir sei, dann steht alles in mir, Herr, gänzlich nach dir. Wenn mein Fleisch mir verfällt (entvallet) und mein Blut vertrocknet, mein Gebein erfriert, meine Adern sich verkrampfen und mein Herz zerschmilzt nach deiner Minne und meine Seele schreit mit eines hungrigen Löwen Stimme: Wie mir da ist? Und wo du dann bist? Viel Lieber, das sage mir!" (II 25) Die ganze Metaphorik des Hohenliedes der Liebe wird wachgerufen, die „eine Räuberin" ist (I 1) und auf den „Aschenkuchen der Gebrechlichkeit" (II 25) trifft: „Du hast mich gejagt, gefangen, gebunden und mich versehrt mit tiefen Wunden, dass ich nimmer kann gesunden" (I 3). Diese „Gewalt der nackten Minne" (II 23) ist es, die Mechthild voller Sehnsucht hoffen läßt, „tödlich zu lieben, maßlos ohne Unterlaß" (I 28). Zielpunkt der Bewegung ist immer ein wechselseitiges Geben und Nehmen, wechselseitige Sehnsucht, Verlangen nacheinander, Vereinigung in Unterschiedenheit. „Worauf Gott seine Hoffnung setzt, das wage ich." Hier spricht eine prophetisch selbstbewußte Frau. Sie ist im Glauben erwachsen geworden, kennt die Höhepunkte der „Gotteinigung" und die Tiefpunkte der „Gottentfremdung". Derart erwachsen geworden in der Bundespartnerschaft mit Gott, muß der Mensch freilich noch „mit den Schmerzen eines langen Wartens geschmückt werden"

(V 4) – denn noch ist das Ziel nicht erreicht. Solcher Gottesliebe entspricht „natürlich“ die diakonische Tat, das fürbittende Gebet, das soziale Engagement (z.B. in Gestalt von Krankenpflege *und* Kleruskritik). Gottesliebe meint also beides: Gott als Gegenüber, schlechterdings zuvorkommend und initiatisch, grundlos und einseitig liebend; Gott zugleich als der, den der Glaubende und also betende Mensch liebt. „Der Grund, Gott zu lieben, ist, Gott selbst ... Er selbst erhofft sich, mit mehr Glückseligkeit geliebt werden zu können, damit er nicht umsonst geliebt würde“ (Bernhard von Clairvaux, Über die Gottesliebe II 22).

2.

Daß Gottes Wesen darin bestehe zu geben, ja daß er sich geben „müsse“, wenn der Mensch sich ihm öffne, ist Grundbestand der Gotteslehre von Meister Eckhart (ca. 1260–1328). Darin spielt die neuplatonische Auffassung von dem Gutem, das sich selbst verströmt ebenso mit wie die Aussage von Römer 5,5: „Die Liebe Gottes ist ausgegossen in unseren Herzen durch den Heiligen Geist, der uns gegeben ist“. Gottes Gutsein ist sein Überfließen – und die Gottheit Gottes hängt förmlich ab von seiner Selbstmitteilung: „Ich aber sage, daß seine (Gottes) Gottheit daran hängt, sich alldem mitteilen zu können, was seiner empfänglich ist; teilte er sich aber nicht mit, so wäre er nicht Gott.“ (II 94). Immer ist es Gott, der zuerst den Menschen sucht und ihn begehrt.[3] „Niemals hat ein Mensch nach irgendetwas so sehr begehrt, wie Gott danach begehrt, den Menschen dahin zu bringen, daß er ihn erkenne“ (II 41).

Das bedeutet nun umgekehrt, daß der Mensch aufgrund dieses Zuvorkommens Gottes seinerseits dankbar reagieren kann, also „abgeschieden“ und ganz empfänglich werden soll unter dem Einfluß Gottes: Gott „ist viel nötiger, uns zu geben, als uns zu empfangen, wir dürfen es aber

3 Alle Eckhart-Zitate nach der zweibändigen und zweisprachigen Ausgabe von Niklaus Largier, Frankfurt 1993.

nicht darauf absehen“ (I 447). Wie es mit der Schöpfungsordnung und dem Rhythmus von Geben und Nehmen darin ist, „ganz so ist es mit dem recht demütigen Menschen, der alle Kreaturen sich unterworfen hat und sich unter Gott drückt: Gott unterläßt es in seiner Gutheit nicht, sich völlig in einen solchen Menschen zu ergießen; er wird gezwungen dazu, es notwendig tun zu müssen …“ (I 167). „Der wahrhaft demütige Mensch braucht Gott nicht zu bitten, er kann Gott gebieten, die Höhe der Gottheit hat es auf nichts anderes abgesehen als auf die Tiefe der Demut … Der demütige Mensch und Gott, das ist ein; der demütige Mensch ist Gottes so gewaltig, wie er seiner selbst gewaltig ist …“ (ebd. 169). Um diese theozentrische Einseitigkeit zu betonen, formuliert Eckhart paradox: „Ich will Gott niemals dafür danken, daß er mich liebt, denn er kanns (gar) nicht lassen, ob er wolle oder nicht, seine Natur zwingt ihn dazu. Ich will ihm dafür danken, daß ers in seiner Güte nicht lassen kann, mich zu lieben. Daß wir uns selbst genommen und in Gott versetzt werden, dies ist nicht schwer, denn Gott muß es selbst in uns bewirken; ist es doch ein göttliches Werk, der Mensch folge nur und wir widerstehen nicht, er erleide (es) und lasse Gott wirken. Daß wir Gott so folgen, daß er uns in sich versetzen könne, damit wir mit ihm vereint werden, auf daß er uns mit sich selbst lieben könne, dazu helfe uns Gott. Amen“ (II 97–99).

So absichtslos und gelassen also das Dankgebet des Menschen sein soll, so selbstlos und frei von Erwartungen auch soll das Bittgebet sein. „Wenn wir Gott um etwas anderes als um Gott bitten, so ist das Unrecht und ist Unglaube“(I 681), denn es wäre faktisch eine Verzweckung Gottes. Bis zum Verwechseln der stoischen Apathie ähnlich, plädiert Eckhart für jene „Einwilligung“ in das gegenwärtige Wirken Gottes, das das Gebet zum Inbegriff absichtsloser Präsenz macht – und zwar im Empfangen wie im Entbehren, in der Erfüllung ebenso wie im Entzug. „Will Gott geben, wonach ich begehre, so habe ich es damit und bin in Wonne; will Gott hingegen nicht geben, nun, so empfange ich’s entbehrend im gleichen Sinne Gottes, in dem er eben nicht will, und so also empfange ich, indem ich entbehre und nicht nehme. Woran fehlt’s mir dann? Und sicherlich, im eigentlicheren Sinne nimmt man Gott entbehrend als nehmend; denn, wenn der Mensch empfängt, so ist die Gabe das, weswegen der Mensch froh und getröstet ist, in sich selbst. Empfängt man aber nicht, so hat noch findet noch weiß man nichts, worüber man sich freuen könnte, als Gott und Gottes Willen allein." (II 255) An einer Stelle in seinem Gesamtwerk setzt Meister Eckhart, in Anlehnung an Albert den Großen und gegen Thomas von Aquin, die Hoffnung in Beziehung zum „niederen Seelenteil der zürnenden Erregbarkeit (irascibilis)". Der Glaube wird wie immer der Erkenntnis zugeordnet, der Wille der Liebe, die Hoffnung aber – sonst der memoria – hier dem Begehren, der „ufkriegenden Kraft": „Sie kann nicht ertragen, daß etwas über ihr sei; wenn er nicht in ihr ist und sie es nicht ebenso gut hat wie er selbst, so kann sie nimmer zur Ruhe kommen. In dieser Kraft wird Gott in der Seele ergriffen, soweit es (überhaupt) der Kreatur möglich ist, und im Hinblick darauf spricht man von der Hoffnung, die auch eine göttliche Tugend ist. In der hat die Seele so große Zuversicht zu Gott, daß es sie dünkt, Gott habe in seinem ganzen Sein nichts, das zu empfangen ihr nicht (auch) möglich wäre ..." (I 361–363) – und das ist Gottes wirkende Gegenwart selbst. Gebet ist demnach reine, absichtslose Präsenz in der Gegenwart Gottes: „Wer irgendetwas an Gott sucht, der weiß nicht was er sucht" (I 443); es ist andererseits leidenschaftlich-gelassener Anteilhabe und Anteilnahme an Gottes schöpferischem Werben und Wirken: „Wäre meine Seele so bereit und fände Gott so weit Raum in ihr wie in der Seele unseres Herrn Jesu Christi, er würde sie ebenso völlig mit dieser Flut erfüllen; denn der Heilige Geist vermag sich nicht zu enthalten, in alles das zu fließen, worin er Raum findet und so weit, wie er Raum darin findet" (II 167).

3.

Auch für den katholischen Bruder Martin Luthers – Johannes vom Kreuz (1542–1591) – besteht die Einladung des Evangeliums darin, Anteil zu erhalten am Gottesverhältnis Jesu und damit Gemeinschaft zu haben mit ihm im neuen und ewigen Bund, in der rundum erlösten Schöpfung. Gott will den Mensch als Mitliebenden.[4] „Die Seele (also der Mensch) wird an Gott selber teilnehmen, zugesellt der heiligsten Dreifaltigkeit, mitwirkend deren Werke". (III 39,6) Der Mensch soll förmlich mitleben und miterleben, wie Gott ihn nach seinem Bilde formt – und dies wird erfahren als unendliche Begegnungs- und Vereinigungsgeschichte, als erwachsende Beziehung zu Gott, zur Welt und zu sich selbst. Unter den Gegebenheiten jenseits von Eden freilich ist dies stets die Geschichte einer Entziehung von aller Ego- und Habenmentalität – die dunkle Nacht der Sinne und des Geistes. Die Bundesgeschichte Gottes mit dem Menschen wird erfahren als Entbindungsgeschichte zum wahren Leben, als reformación und transformación. Johannes spricht deshalb von „Umformung in Gott hinein": „Was Gott erstrebt, ist, uns zu Göttern durch Teilhabe an dem zu machen, was er von Natur ist" (IV 2,27). Alles entscheidend dabei ist die hoffende, sehnsüchtig initiative Bewegung Gottes. „Vor allem muß man wissen: Wenn die Seele Gott sucht – viel dringlicher sucht Gott die Seele" (II 3,28). Im Sinne der patristischen Lehre, daß Gott Mensch wurde, damit der Mensch Gott werde, kann Johannes auch von einem Prozeß der „Angleichung an den Geliebten sprechen" (II 12,7). Erst im Durchgang zu solcher Gotteinigung findet der Mensch jenes erlöste und erlösende Verhalten zur Welt, auf das er längst aus ist, frei geworden nun von jedweder possessiven Egostruktur.

4.

Wohl niemand in diesem Jahrhundert – nach Therese von Lisieux – hat die Erfahrung des Wartens Gottes so durchlitten, durchdacht und in Worte gefaßt wie Simone Weil (1909–1943).[5] Attente ist ihr Leitwort: Gespannte Aufmerksamkeit, reine Sehnsucht, höchste Empfänglichkeit,

---

4 Alle Johannes-Zitate nach der neuen Übersetzung von Ulrich Dobhan, Elisabeth Hense und Elisabeth Peeters, Freiburg 1995ff (Herder-Tb).

5 Alle Weil-Zitate aus: Zeugnis für das Gute, Düsseldorf – Zürich 1998, abgekürzt Z, und Tagebücher/Cahiers I–IV, München 1986ff, abgekürzt C.

revolutionäre Geduld, „Demut". Auch bei ihr ist – „via negativa" – ein deutlicher Theozentrismus am Werk: Gott selbst ist es, der die Welt und den Menschen sucht, als das unendlich Andere seiner selbst. Eine Kaskade von Notizen in folgendem Tagebucheintrag verdeutlicht diesen Erwartungszusammenhang zwischen Gott und Mensch, Gott und Welt. „Gott wartet wie ein Bettler, der reglos und schweigend vor jemand steht, der ihm vielleicht ein Stück Brot geben wird. Die Zeit ist dieses Warten. Die Zeit ist das Warten Gottes, der um unsere Liebe bettelt. Die Gestirne, die Berge, das Meer, alles, was von der Zeit zu uns spricht, bringt uns Gottes flehentliche Bitte. Die Demut in der Erwartung macht uns Gott ähnlich ... Die Demut ist ein gewisses Verhältnis der Seele zur Zeit. Sie ist Hinnahme des Wartens. Darum ist es, im sozialen Bereich, ein Zeichen der Untergebenen, daß man sie warten läßt. Das Wort des Tyrannen ist: ‚Fast hätte ich warten müssen.' Die Feier aber, die alle Menschen gleich macht in ihrer Poesie, ist Erwartung für alle. Die Kunst ist Erwartung. Die Inspiration ist Erwartung. ‚Er wird Frucht bringen in der Erwartung.' Die Demut nimmt an Gottes Warten teil. Die vollkommene Seele erwartet das Gute mit dem gleichen Schweigen, der gleichen Unbeweglichkeit und Demut wie Gott selber. Der ans Kreuz genagelte Christus ist das vollkommene Abbild des Vaters ... Gott ist Erwartung ohne Zerstreuung ... Seine Gebote haben die Gestalt von Bitten" (C IV 131).

Erfahrung und Lebensmaxime dieser Frau auf der Suche nach einer neuen Heiligkeit sind von der Überzeugung geprägt, daß der Mensch zu seinem Heil nichts tun könne, daß er vor allem auch Gott nicht suchen könne und solle. Jede Art solcher Aktivität hat nämlich noch einen selbstsüchtigen, narzißtischen Beigeschmack; an die Stelle des eigenen Wünschens und Begehrens muß dagegen die absichtslose, reine Offenheit treten: „Gott allein kommt, die Seele zu ergreifen, und hebt sie empor; das Begehren allein aber veranlaßt Gott, hernieder zu steigen. Er kommt nur zu denen, die ihn bitten, daß er komme; und die ihn oftmals, lange und inbrünstig bitten, zu denen steigt er hernieder, er kann nicht anders" (55). Simone Weil plädiert für eine radikale vita passiva. „Die vollkommene Bitte ist die, die nicht begehrt. Das Begehren (desir) als solches ist ein Mangel der menschlichen Existenz, zu der es untrennbar gehört. Es nagelt den Menschen fest an das Imaginäre und die Zeit. Und gerade diese Verhaftung gilt es in der Ent-Werdung des Ich zu überwinden, um Gott das volle Sein zurückgeben zu können“ (188).

„Attente de dieu“ hat von daher einen tiefen Doppelsinn: es meint das Warten auf Gott, ebenso aber das Warten Gottes auf den Menschen. Gott wird als Wartender erwartet. „Das Warten ist Warten ins Leere hinein und Warten auf das Unmittelbare. Man möchte nicht, daß eine Note, daß eine Pause aufhört, obwohl man nicht ertragen kann, daß es andauert.“ (C III 258). Immer wieder kreist Simone Weil um diesen Vorgang des inneren Leerwerdens, des absichtslos wachen Da-seins, um diese Haltung reiner Einwilligung und Erwartung. „Momente des Stillstandes, aus denen alles andere seinen Wert schöpft, in der Musik, dem Tanz etc. … Im Gegensatz dazu ununterbrochener Rhythmus in der Fabrikarbeit. Stellung der Pausen in der Musik; sie müssen im Mittelpunkt einer Sache stehen. Wie? Steigt man zu ihnen auf? Steigt man von ihnen hinunter? … Eine Erwartung wecken. Einen Ton erwarten, der Erfüllung wird – und dieser Ton soll eine Pause sein. Daß, was folgt, soll die Vorstellung eines zugleich erfüllten und beraubten Wesens hervorrufen; auf welche Weise?“ (C I 239). Simone Weil ist zutiefst überzeugt davon, daß „die Fruchtbarkeit des Wartens in Vergeblichkeit“ sich ausdrückt in einer unsagbaren Tiefe der Gottbegegnung, der Gottesgemeinschaft. Denn Gott kann nicht anders, als sich suchend auf den Weg zu machen. Er will es nicht anders. „Übernehmt nicht den Namen, den wir euch anbieten. Hört nur auf, es überhaupt zu benennen. Harrt in diesem inneren Schweigen aus. Und eines Tages werdet ihr eine Stimme in euch hören, die euch den wahren Namen sagen wird“ (C III 377). Benennen wäre ja schon wieder besitzen. Auch die Rede vom Warten und Erwarten kann nochmal aktivistisch und volontaristisch (miß-)verstanden werden: es geht nicht um Erwartungen, deren Erfüllung eingeklagt werden kann, es geht um die Geste bittenden Daseins, um Dasein als reine Empfänglichkeit, vita passiva.

Simone Weils Spiritualität – eigenwillige Synthese asiatischer Weisheit, platonischer Philosophie und christlichen Glaubens – kann also gelesen werden als Exerzitium einer Gebetshaltung, die von Gott nichts erwartet, weil sie ihn als den Bittenden und Suchenden weiß, der unserer bedürfen will. Gebet ist in Dank und Bitte Da-Sein für Gott und vor Gott. „Das Wort Gottes ist Schweigen. Das heimliche Liebewort Gottes kann nichts anderes als Schweigen sein. Christus ist das Schweigen Gottes … (Wer) treu bleibt, wird am Grunde seines eigenen Schweigens die Perle des Schweigens Gottes finden“ (Z 50f).

Zusammenfassung

Der Bogen der Lebenszeugnisse, den wir kurz abgeschritten haben, umfaßt jene Zeit, die wir die Moderne nennen können. Was Bernhard von Clairvaux in der Achsenzeit des 12. Jahrhunderts und dann z. B. Mechthild von Magdeburg und Meister Eckhart auf ihre Weise formulierten, ist in der Noch- und Nachmoderne förmlich epochal geworden: der Abschied vom allmächtigen Gott, sofern damit ein himmlischer Allesmacher und Alleskönner gemeint ist, zu dem der bedürftige Mensch nur zu bitten habe. In den Blick getreten ist viel stärker der deus semper maior et minor, der wartende und bittende Gott. Therese von Lisieux erfährt, angeregt durch die biblische Erzählung von Jesus am Jakobsbrunnen (Joh 4), den „dürstenden“, den bedürftigen Gott. „Er bedarf unserer Werke nicht, sondern nur unserer Liebe, denn der gleiche Gott, der erklärt, er brauche es uns nicht zu sagen, wenn er hungere, hat sich nicht gescheut, von der Samariterin ein wenig Wasser zu erbetteln“ (193).[6] So erkennt sie, schließlich selbst ganz in der mystischen Nacht der Gottesferne, „daß es Menschen gibt, auf die zu warten Gottes Barmherzigkeit nicht müde wird“ (247) – und daß es nicht Sache des betenden Menschen ist, diesem Warten Gottes vorzugreifen, sondern an seiner Seite sozusagen mitzuwarten, zu hoffen auf ihn und die Wandlung des Menschen und der

---

6 Alle Therese-Zitate aus Therese von Lisieux: Selbstbiographie, Einsiedeln 13.A. 1996.

Welt. Denn Gott ist „ein Bettler unserer Liebe“. Entsprechend ist das Gebet die passiv-aktive Anteilnahme am Warten Gottes, die Erhörung seiner Bitten, die Vereinigung mit jener werbenden Liebe, die in Jesus Gestalt gefunden hat und im Kreuzesbild der mystischen Umarmung dem glaubenden Menschen eine unendliche Würde zuspricht, als Anwalt nämlich der Not Gottes, bereit, seine Bitten zu erhören. „Für mich ist das Gebet ein Schwung des Herzens, ein einfacher Blick zum Himmel empor, ein Schrei der Dankbarkeit und der Liebe, aus der Mitte der Prüfung wie aus der Mitte der Freude; kurz, es ist etwas Großes, Übernatürliches, das mir die Seele ausweitet und mich mit Jesus vereint“ (254f).

Deutlich also wird in solchen Texten christlicher Mystik beides: die Größe des Menschen ist es, Gottes zu bedürfen und auf ihn zu hoffen; das Geheimnis Gottes ist es, des Menschen und der Welt bedürfen zu wollen und auf sie hoffen zu wollen. „Ich stehe vor der Tür und klopfe an. Wer meine Stimme hört und die Tür öffnet, bei dem werde ich eintreten und wir werden Mahl halten, ich mit ihm und er mit mir“ (Apk 3,20). Daß Sehnsucht und Hoffnung also – längst bevor sie zu Möglichkeiten und Haltungen des Menschen wurden – Ausdruck von Gottes schöpferischer Liebe sind (wahrhaft eine *theologische* Tugend), läßt sich am treffendsten mit den Versen von Charles Péguy zusammenfassen, auch sie eine „Antwort“ auf die Theodizeefrage:[7] „Gott hat auf uns gehofft. Er hat begonnen. Er hat gehofft, der letzte der Sünder, der elendste Sünder werde zumindest ein wenig um das Heil seiner Seele bemüht sein … Gott hat auf uns gehofft; soll es heißen, wir hofften jedoch nicht auf ihn? Gott hat seine Hoffnung, seine arme Hoffnung auf jeden von uns gesetzt, auf den elendsten Sünder. Wird es heißen, daß wir, die elendsten Sünder, nicht unsere Hoffnung auf ihn setzten? Gott hat uns seinen Sohn anvertraut, weh uns, weh uns. Gott hat uns unser Heil anvertraut, die Sorge um unser Heil. Von uns ließ er unser Heil und seinen Sohn abhängen und damit seine eigene Hoffnung; und so sollten wir nicht auf ihn unsere Hoffnung setzen?“

---

[7] Charles Péguy, Das Mysterium der Hoffnung, Darmstadt – Frankfurt 1929, 107f.

Andacht.
Philosophen vor dem Phänomen der Liturgie

Elmar Salmann

Obwohl in Wort und Vollzug der Andacht versammelt, haben Philosophen und Liturgen einander wenig zu sagen. In philosophischen Wörterbüchern fehlen Stichworte wie Gebet und Gottesdienst, den liturgischen ermangelt es gänzlich an einer philosophischen Fragestellung. Muß das so sein? Wird nicht dieser Mangel dem Selbst- und Weltverhältnis beider schaden? Im folgenden sollen deshalb drei Philosophen gehört werden, die das Phänomen des Kultus bedacht und je auf ihre Weise zum Grundvollzug ihres Denkens in Beziehung gesetzt haben. Da ist die scharfe, kritische Reduktion des Gottesdienstes auf die tätig-moralische Selbstbesinnung des Menschen bei Kant, sodann die Selbstaufhebung des Kultus in die philosophische Erhebung des Gemütes bei Hegel und endlich die Vollendung des Denkens in der Andacht gelebten Kultes bei Rosenzweig. Drei Möglichkeiten, Philosophie und Liturgie begegnen und sich im Vollzug der Andacht versammeln zu lassen. Sehen wir näher zu, was sie einander zu denken geben.

I. Liturgie vor dem Tribunal der Humanität: Kant[1]

Ist Liturgie legitim? Und wenn ja, unter welchen Bedingungen? Ein scharfer Außenblick trifft auf die kirchliche Moral, ihre Kult- und Gebetspraxis, ein scharfer Schnitt zudem zwischen reinem Vernunftglau-

1 Kant zit. nach der Akademie-Textausgabe: Kritik der praktischen Vernunft (zit. KprV) Bd. V; Die Religion innerhalb der Grenzen der bloßen Vernunft (zit. Rel.) Bd. VI; der Streit der Fakultäten (zit: StrFak) Bd. VII; dazu: J. Schaller, Das theologische Problem des Bittgebets, Einsiedeln 1979, 72ff; A: Winter, Gebet und Gottesdienst bei Kant: nicht „Gunstbewerbung“, sondern „Form aller Handlung“, ThPh 52 (1977) 341–377; G. Haeffner, Die Philosophie vor dem Phänomen des Gebets, ThPh 57 (1982) 526–549; R. Eisler, Kant-Lexikon, Hildesheim 1989 (10. Aufl.).

ben, der sich auf die Möglichkeit und Gebotenheit der Moral, letztlich der kommunikativen Freiheit bezieht, und einem geschichtlich-positiven Kirchenglauben, der bestimmten Satzungen und Setzungen einer historischen Offenbarung und Kirchenverfassung folgen zu müssen glaubt, zwischen einem moralischen Dienst Gottes, der immer währt und sich ohne Unterlaß in unserer tätigen Gesinnung vollziehen soll, und einem sichtbaren Kultus, dessen Berechtigung sich von jenem her ausweisen und begrenzen lassen muß (Rel. 153, 177–179, 192–194). Von diesen Stellen aus und zumal der Definition von Gebet, Kult, Taufe und Abendmahl (Rel. 194ff), den von Kant genannten Grundbegehungen des Gottesdienstes, versuchen wir, die wichtigsten positiven und negativen Kriterien für einen legitimen christlichen Kult zu erheben. Ein explizit religiöser Vollzug ist angesichts des angedeuteten Grundkriteriums sinnvoll und günstig zu bewerten, insofern er folgenden Bestimmungen genügt:

1. Er muß sich als überflüssig wissen, kann also keineswegs in sich Pflicht und Gebot sein, allenfalls ist er

2. gemäße oder doch wenigstens nicht ungehörige Ausformung und Darstellung eines Habitus, eines ständigen Gebets ohne Unterlaß, einer moralischen Gesinnung, die der eigentliche Gottesdienst ist, welcher angesichts der Sinnenbezogenheit und Hinfälligkeit der menschlichen Natur mittels einer sinnlichen Analogie, zur Beförderung und Verlebendigung desselben in konkreten Begehungen sich ausdrücken mag. Kult und Gebet sind „Fassung“ gelebter Gesinnung, leiblich und sozial wirksamer Ansporn moralischer Freiheit. Wo beides zusammentrifft, kann man von Andacht im positiven Sinn des Wortes sprechen (Rel. 170, 197), die in Taufe und Abendmahl zugleich eine Beförderung des Reiches Gottes, des Bürgertums im Sinne moralischer Freiheit nach sich zieht.

3. Damit ist nur der Kult wirklich und wahr, der formal das vollzieht, was er erbittet bzw. in feierlicher Anrede darstellt, und man darf nur das erbitten, was man schon je vollzieht; nur das Gebet um die Hebung der

Julius Bissier: *Blütenentfaltung III*, 1940

Freiheit ist erhörlich, da ipso facto schon erhört, alles andere etwaig Erbetene, so eine besondere Zuwendung seitens Gottes, ist und bleibt unerhört.

4. Dennoch ist auch für Kant Gebet Grenzvollzug der Vernunft, in welchem sie den Überschuß an Wunder und Rätsel des Seins anschaut und realisiert. So verehrt sie im Gebet die Heiligkeit moralischer Freiheit als jenes ihr überkommene Gesetz, das sie und an dem sie sich übernehmen muß (Rel. 6f), sie betrachtet die unerschöpfliche Weisheit, wie sie sich in der Schöpfung manifestiert, erfährt in sich die „seelenerhebende Kraft" der moralischen Bestimmung, welche eben Andacht heißt und sich in den Psalmen Davids am reinsten ausgeprägt habe (Rel. 197, KprV A 288f).

5. Mehr noch, im Gebet realisiert sich zudem das schmerzlich widerfahrende Ungenügen der moralischen Kraft angesichts des ihr innewohnenden Bösen. Zwar geht die Anstrengung jeglicher möglichen Gnade, jeglichem Glauben an die Hilfe Gottes voraus, doch ohne Hoffnung auf eine solche (die freilich erst in der Tat erwächst) mag sich die Bekehrung des Herzens doch kaum vollziehen (Rel. 117f, 141–145, 171, 178, 189). Auch hier hängt allerdings Legitimität und Fruchtbarkeit des Kultus von der Haltung des Menschen ab.

6. Offizielle Liturgie als „Kirchengehen" und in den Sakramenten von Taufe und Kommunion dient als „vielbedeutende" (oder auch „ethische") „Feierlichkeit" der Darstellung, Fortdauer und Fortpflanzung der „weltbürgerlichen und moralischen Gemeinschaft", der Erbauung des Einzelnen, seiner Einweisung in die Verantwortung, worin auch die „alle moralische Angelegenheit der Menschen in sich fassende Anrede" als rednerische Figur (als ob das höhere Wesen an diesem Orte anwesend wäre) zur Förderung der angegebenen Zwecke dienen mag (Rel. 197–199).

7. In alldem folgt man der Intention Jesu, des Lehrers des Evangeliums,

und dem Urmodell christlichen Betens, dem Vater unser. In ihm entsprechen sich Vollzug und Bitte, in der Anrede vollzieht sich bereits das Erbetene, die Ankunft des Reiches Gottes, und nur um diese kann es gehen, hat doch auch jener Lehrer den Primat der Praxis, des moralischen Gehorsams vor jeder kultischen Begehung gepredigt (Rel. 104, 195, 197).

8. Zusammenfassend: Kult und Gebet sind „Dienst der Herzen“ (Rel. 192), freie Möglichkeiten der Belebung und Vertiefung der moralischen Person, Erinnerung ihrer Freiheit als gebotener Aktuierung des Reiches Gottes in der brüderlichen Versammlung, staunende Erinnerung des bleibend Rätselhaften in Bewußtsein und Welt, des notwendigen Beistandes im Prozeß der Bekehrung, der freilich nie mittels des Gebetes selbst gewährt wird, sondern nur als Ergänzung schon vollbrachter Tat erhofft werden darf. Gebet und Kult sind insofern anthropologisch überflüssig und nur in solcher Optik möglich, erlaubt oder gar konvenient, dem sinnlich-gemeinschaftlichen Wesen des Menschen entsprechend. Dabei können sie nie in und aus sich geboten sein, sind also feierlicher Zusatz, nicht Wesen der Religion. Schärfe und Kontur bekommt diese eher harmlos wirkende, dem common sense entsprechende Vorstellung freilich erst in ihrer polemischen Zuspitzung und kritischen Begrenzung, worin das eigentliche Pathos von Sprache und Anliegen Kants liegt.

Sobald man nämlich den Gottesdienst als eine an sich vorgegebene Pflicht, als absoluten Wert, als übernatürliche Einwirkungsmöglichkeit auf Gott, als Gnadenmittel und kirchlichen Selbstzweck ansieht, drohen unabsehbare Gefahren für Freiheit und Moralität des Menschen und der Gesellschaft, von der Pervertierung des Gottesbildes gar nicht zu reden. Gottesdienst wird zum Fetischmachen, Wahn-, After-, Pfaffen- und Götzendienst und wie die von Kant fast genüßlich ausgebreiteten Ausdrücke des Abscheus noch alle lauten mögen. Man nimmt das Gebet, die freieste (Un-) Möglichkeit moralischen Vollzugs, als Pflicht – mit verheerenden Folgen, die Kant nicht müde wird aufzuzählen.
a) Solches Gebet muß sich Gott als Du vorstellen, als Gegenüber, was

nach Kant zu nichts als unglaublicher Peinlichkeit für Mensch und Gott führt, zu Projektion und Flucht in Scheinwelten, die von jedem Außenblick auch sofort als solche entlarvt werden. Hier zum ersten Mal wird ein solcher Blick als beschämend dargestellt, die entsprechenden Analysen Sartres vorwegnehmend, denn nie ist ein Mensch lächerlicher, veräußerter, als in solcher Befangenheit dialogischer Projektion, der nichts Verifizierbares entspricht (Rel. 195 Anm.; Vom Gebet, ed. Meiner Bd. 50 [1922] 169f). Kant hat hier den Mut, die Fragwürdigkeit der Fiktion, Gebet sei Dialog, vom phänomenalen Befund her aufzudecken, denn in der Tat wird eine solche letzte Aufgipfelung und Zuspitzung im Gebet nur selten erfahren.[2]

b) Auch für Gott ist eine solche angenommene Konstellation unwürdig, meint doch der Mensch etwas für ihn tun, auf ihn wirken, ihn beeinflussen, gar als Mittel gebrauchen zu können und merkt gar nicht, wie er dabei nicht nur Gott, sondern auch sich selbst zum Hofdiener erniedrigt (Rel. 154 Anm., 103, 185). Gott wird zum Götzen, der für sich etwas fordert, Gebet zum Frohndienst und Gnadenmittel, Gott und Mensch verändert, entfremdet, ein Teufelskreis der Funktionalisierung. Die innere Widersprüchlichkeit des Wortes „Gnadenmittel" ist dafür schon Zeugnis genug.

c) Der Mensch verliert dabei seine Freiheit und Redlichkeit, das lautere Selbstverhältnis, er degeneriert zum Höfling, Favoriten, Gunstbewerber, Himmelsgünstling (Rel. 201f), erwartet sich also parasitenhaft das selbst zu Leistende von Gott. Kult wird zur Heuchelei vor Gott, sich selbst und den anderen, in unerträglichem Anthropomorphismus macht sich jeder seinen Gott, den er dann benutzen kann (Rel. 168): es entstehen Dünkel und wahnhafte Vorstellungen irgendwelcher

2 Zum dornenvollen Problem des dialogischen Bezugs im Gebet vgl. vom Verf., Neuzeit und Offenbarung, (Stud. Ans. 94), Rom 1986, 216ff. Wie die meisten theologischen Autoren insinuiert auch Schaller in seiner Polemik gegen Kant und Bernet ständig personal dialogische Kategorien, die ohne weitere Begründung eingeführt werden und phänomenologisch nur schwer einlösbar sein dürften, ohne zu merken, wie sehr man damit die Menschen in eine Schizophrenie, eine Bewußtseinsspaltung zwischen Glaubensvorstellung und -forderung einerseits und dem wirklich in Praxis und Erfahrung Erlösbaren andererseits treibt.

übernatürlicher Einwirkungen, abergläubische Schwärmerei (Rel. 174, 201, StrFak 56ff; Winter 346ff).

d) Kult wird in alldem zur Ersatzhandlung (Rel. 172, 200f), zur Flucht vor der Wirklichkeit und der verantwortlichen Tat, zur „Andächtelei" (Rel. 198 Anm, 173, 185), zur Illusion. Indem er sich so verselbständigt, von jeglicher moralischer Verankerung und Verantwortung löst, ist jedem Mißbrauch Tür und Tor geöffnet. Der ganze „Kram auferlegter Observanzen" (Rel. 179) in seinem Mechanismus wird von Kant in seiner Lächerlichkeit vorgeführt und die Religion in ihrer magisch-verdinglichten Form von den primitivsten Riten der Vorzeit bis hin zu zeitgenössischen kirchlichen Gebräuchen als unmöglich denunziert. Wahr kann angesichts der nur noch ironisch zu ertragenden Verirrungen des Kultwesens nur das sein, was öffentlich vertretbar und der moralischen Selbstbestimmung des Menschen förderlich ist. Diesen Probierstein, dieses Rettungs- und Unterscheidungsmittel eingeführt zu haben, ist nicht das geringste Verdienst der Aufklärung (Rel. 103–106, 173–180).

e) Damit vermag diese auch die Religion vor den kontraproduktiven Folgen ihrer eigenen Selbststilisierung zu retten. Denn in ihr wird alles pseudoschwer (während das Joch Christi, seine Botschaft der Freiheit leicht sei) und pseudoleicht (Alibi für unterlassenes Tun; Rel. 178f), der Mensch wird unter den Positivismus geschichtlicher Vorstellungen versklavt, denen selbst der Ketzerrichter, der meint, der Nichtgläubige sei verdammt, kaum aufs Wort zu glauben vermag. Bei allen biblischen und kirchlichen Vorstellungen vom Eingreifen Gottes, von Verdammung und Gericht, vom Wert historischer Berichte im AT, von Gnadenmittel und übernatürlicher Erfahrung etc. kann man stets nachweisen, daß der Betreffende das gar nicht ganz in vollem Ernst auf sich beziehen kann, da sich solche Annahmen von vornherein durch den Großteil erfahrener Wirklichkeit widerlegen. Empirismus in Glaubenssachen ist unentschuldbar, weil durch keinerlei angebbares Kriterium zu verifizieren, und kann schon deshalb weder die kritisch-moralische Freiheit noch die allgemeine Einheit der Menschen, die Kommunikation und Verständlichkeit voraussetzt, wahren. Deshalb zerfällt die Kirche in Sekten und endlose Streitigkeiten, was angesichts der absoluten Behauptung der Gegenwart des Absoluten sich besonders prekär ausnimmt. Hier vermag die Aufklärung die Bibel und den christlichen Glauben vor sich selbst und seiner eigenen positivistischen Entartung zu schützen (Rel. 104, 110, 121ff, 171, 180f, 189, 192; StrFak 50ff).

f) Kurzum, eine Religion oder ein Kultus, die sich absolut setzen, verfehlen sich (gegen sich) selbst, fallen unter ihr Niveau, werden partikulär, beliebig, zeitigen das Gegenteil des Behaupteten. So bedenkt eine sich als zweckfrei gebende Liturgie nicht, von wem und auf wessen Kosten sie lebt, wie sie die Freiheit Gottes und des Menschen aushöhlt, welchen Mechanismen und Funktionalisierungen sie anheimfällt – und wie sie endlich die subtilste und vielleicht gemeinste Herrschaft befestigt, die der Kleriker über die Seelen, welche jede Freiheit von innen vernichte, da sie sich auf reine, durch nichts zu widerlegende Projektion stütze und so eine nicht zu kontrollierende Macht über die Gemüter gewinne (Rel. 133, 180). Deshalb ist es ein vorzüglicher Dienst der Aufklärung an Freiheit und Stimmigkeit des Kultus, wenn sie so klar wie nötig zwischen wirklichem (moralischem) und eingebildet-zwanghaftem Gottesdienst unterscheidet. Wie ist aber dann das Verhältnis von innerlichem und äußerem Gottesdienst mit Kant und über ihn hinaus zu beschreiben? Wie das Ergebnis der Überlegungen Kants zu beurteilen?

Zunächst ist zu bemerken, daß der Philosoph sich nicht in innerkirchlich-kultische Belange einmischen will, sondern vorab an einer Art „Sicherheitsmaxime" interessiert ist, die den Primat vernünftiger Freiheit sichert. Er stellt gleichsam nur eine Minimaltheorie des Kultus auf, der es um folgende Grundsätze geht: nur der Kult ist verantwortlich, gültig und erlaubt, der Gott und Mensch nicht als Mittel gebraucht, der die Würde und Freiheit des Menschen wahrt und fördert, der nicht beim Mangel, der Not des Menschen, sondern seinem Können, seiner Stärke anhebt (Bonhoeffer!). Gebet erscheint hier zunächst als monologische Selbstverständigung und -auseinandersetzung des Menschen, Kult als mögliche Ergänzung und Zugabe seiner freiheitlich-sozialen Selbstvermittlung, also als symbolische Verdichtung, ersprießliche Erinnerung, Ausweitung, Vertiefung menschlicher Verhältnisse und ihrer Spiel- und Vorstellungsräume, Einschärfung und Einübung konkreter Freiheit. Was könnte man Schöneres, Befreienderes zu Gebet und Kult sagen? Da ist kein Muß, kein Zwang mehr, sondern lautere, geschichtlich vorgegebene und der menschlichen Verfassung entsprechende Möglichkeit; zumindest als Kriterien zur Selbstprüfung erscheinen mir die angegebenen Maßstäbe hilfreich und unabweislich zu sein. Nähme man sie ernst, wieviel an falschem Druck irrealer Projektionen, an blasphemischem Mißbrauch in Kirche und Kult, an Gewissenslast im privaten Selbstverhältnis würde dann schwinden. Und nicht umsonst haben etliche Liturgiker der Aufklärungszeit sich in bester Harmonie mit den hier aufgestellten Grundsätzen gewußt, so wenn sie Einfachheit, Verständlichkeit, Gemeinschaftlichkeit der Liturgie als Leitmotive herausstellten, auf die subjektive Beteiligung der einzelnen Teilnehmer drangen und jegliches Kultwesen, soweit es sich mit diesen neuen Idealen nicht vertrug, ablehnten.[3]

Positiv (und vielleicht doch nicht ohne Grund am Beschluß von Rel. und KprV) erscheinen Gebet und Kult als Ausdruck und hoffende Vorwegnahme einer gelungenen und doch stets noch offenen Identitätsgeschichte, die in sich selbst einkehrt, sich als auferlegte und auszuschreitende Freiheit begreift und in solchem Prozeß die ihr in ihr selbst entgegenwirkenden Kräfte des Bösen niederzuringen und die entsprechenden positiven Bestrebungen zu wecken weiß. Gebet mag darin als Eingründung in den Grund der Freiheit so aufgehen, daß diese inmitten der Anstrengung und Arbeit an ihrer Hervorbringung zugleich als gewährte aufgeht (Haeffner 539ff), um wenigstens in symbolischer Darstellung die Hoffnung auf ihre einstige Erfüllung auszuleben.[4]

---

3 Man denke vorab an V.A. Winter; F. Kohlschein (Hg.), Aufklärungskatholizismus und Liturgie, St. Ottilien 1989, 18ff, 83ff; A.L. Mayer, Die Liturgie in der europäischen Geistesgeschichte, Darmstadt 1971, 82ff, 97ff.

4 Vgl. R. Schaeffler, Religionsphilosophie, Freiburg 1983, 65–69, 77–85, 171ff, 225ff.

So könnte man den Kult (wie Mythos) als geschichtlich vorläufige und darin womöglich notwendige Vermittlungsgestalt sehen, ohne ihn mit Kant (der da vielleicht doch unter das von der Humanität vorgegebene Maß an Takt fällt) einfach als Vehikel und Mittel zur Beförderung der Moral herabzudrücken, also doch wieder eine Grundgestalt menschlicher Begehung zu funktionalisieren. Eher wäre mit Tillich [Systematische Theologie I, 97f] daran zu denken, daß er unter den Bedingungen endlich gebrochener Existenz die wahre Essenz und Abgründigkeit menschlicher Vernunft offenlegen mag. Zwar stimmen „Christentum und Aufklärung [...] darin überein, daß es weder Mythos noch Kult geben sollte", nur weiß das Christentum, darin wohl realistischer, ehrfürchtiger und wahrer als die kantischen Reduktionen, um die Notwende, Macht und anschauliche Schönheit [man denke an die feinen Ausführungen Goethes zum Kosmos der Sakramente: „Dichtung und Wahrheit", VII. Buch] bildhaft-symbolischer Vermittlung, die nie zum Mittel verkommen darf.
In alldem eröffnet sich eine subtilere Dialektik von Symbol und Wirklichkeit, Innerlichkeit der Vernunft und Gebärde, die sich bei Kant in der Figur des „als ob" faßt. Der Mensch solle beten, als ob solches Gebet im Dienst Gottes geschehe und das Haupt der Kirche darin gegenwärtig sei, muß aber zugleich, gegen jeden Extrinsezismus der Gnade, so handeln, als ob alles von ihm abhinge – und darf in allem Einsatz dann doch so auf die mögliche und zu erhoffende Vollendung setzen, als ob diese bei Gott stünde, dieser also das ergänzte, was menschlichem Vermögen ermangele. So sehr dieses „als ob" fiktionalen Charakter hat, so wenig darf man es darauf einschränken. Es eröffnet vielmehr Spielräume der Freiheit, der Möglichkeit an Selbstprojektion, schlägt Breschen in den Schutzwall allzu enger Selbstdefinitionen, hält die Identitätsgeschichte über jedes Moralkonzept hinaus offen, ohne Gott zur Hinterwelt jenseits der Verpflichtung zur Freiheit zu machen. Hat Kant nicht damit, wenn auch in reduktiver und ein wenig maliziöser Weise, eine Grundspannung christlicher Existenz zwischen Selbsteinsatz und Gnade, projektiver Transzendenz (der Vernunft) und unerschwinglicher Immanenz (der Gnade) getroffen, jenes Paradox, das sich klassisch in den „Scintillae Ignatianae" des G. Hevenesi (1701) ausdrückt, wo gesagt wird, der

Mensch solle so auf Gott vertrauen, als ob alles von ihm selber, dem eigenen Diensteifer abhinge, und zugleich so arbeiten, als ob alle Vollendung bei Gott stünde? Ein schwindelerregendes Gleichgewicht, in dem paradoxe Wendung und hypothetische Offenheit sich steigern. Allzuleicht flüchtet man in die einfachere Version des Spruches, wo sich alles ins simplere Paradox extremer Gegensätze, das keines mehr ist, verflüchtigt: Man solle Gott so verehren, als ob alles von ihm, und zugleich so arbeiten, als ob alles vom menschlichen Einsatz abhinge. Da ginge die Rechnung glatt auf, während in jenem etwas barock verspielt anmutenden Paradox jeweils Tat und Gnade so ineinandergewoben sind, daß sie stets neu einander hervortreiben, sich einander ergeben, auseinander hervorgehen. Nur so werden die Tat vor Selbstüberschätzung, Vermessenheit, Resignation und das Gebet vor Frömmelei, freventlichem Vertrauen, Flucht- und Projektionstendenzen bewahrt.[5] Und es möchte sein, daß mit dieser Schwebe, die doch je neuer Aktuierung und Erdung bedarf, das Verständnis des Zusammenhangs von Freiheit, Tat, Gebet und Kult, wie wir es bei Kant kritisch-reduktiv vermittelt fanden, produktiver, dialektischer verstanden wird, wie es nicht nur christlicher Tradition, sondern auch der inneren Dramatik von Bosheit, Gnade und Tat bei Kant selbst entspräche. Insofern hätte Kant vielleicht mehr noch in die Voraussetzungen seines eigenen Weges einkehren, versuchen müssen, eine Philosophie des Gebets und des Kultes auf der Höhe der eigenen Fragestellungen zu entwickeln, um nicht deren Höhe und Anspruchsniveau zu unterbieten. Aber auch so gibt er christlichen Liturgikern genug Kritisches, Erhellendes, Ironisches zu bedenken – und unter sein Niveau, seine Kriterien dürften diese sich nicht unterstehen zu fallen.

---

5 Vgl. K.H. Crumbach, Ein ignatianisches Wort als Frage an unseren Glauben, GuL 42 (1969) 321f; Schaller 99ff.

II. Andacht als Erinnerung und Erhebung: Hegel[6]

„Die Größe des Standpunkts der modernen Welt ist also diese Vertiefung des Subjekts in sich, daß das Endliche sich selbst als Unendliches weiß und dennoch mit dem Gegensatz behaftet ist, den es getrieben ist, aufzulösen" (17,207). Mit Hegel betreten wir eine gegenüber Kant völlig veränderte Landschaft des Denkens, des Lebensgefühls, der Stellung zu Religion und Kultus. Sein ganzes Denken kreist um die Erhebung des Menschen zum Absoluten auf eine Weise, daß dieses als Substanz menschlicher Freiheit erscheint, ist also im Kern Andacht, Erinnerung solcher Gegenwart und Wandlung. Hegel siedelt Religion, Kult und Andacht im Zentrum seines systematischen Anliegens an, wo es um die Vergegenwärtigung, die geschichtliche und innerliche Realisierung der Gegenwart des Absoluten inmitten der bewußten Selbstgegenwart des Subjekts geht, das sich darin seinerseits in Gott hinein er- und aufhebt. Diese zweieinige Bewegung des gottmenschlichen Geistes im Geist vollzieht sich auf verschiedene Weise und in unterschiedlicher Dichte und Bewußtheit. Kunst, Religion (Glaube, Kult, Andacht) und endlich philosophisches Wissen sind die Formen jenes Prozesses, in dem Geist für sich selbst Gestalt gewinnt. Erhebung ist das Stichwort, der Grundvorgang des Denkens, Innerung Gottes im Menschen, Entäußerung des Menschen in Gott, der sich seinerseits in die Geschichte der Freiheit hinein entäußert hat.

Religion ist dabei die geschichtlich wichtigste Form und Vorstellungsweise solcher doppelten Innerung und Äußerung, im christlichen Glauben werden diese als absoluter Inhalt (Objekt) angeschaut und in selbst

6 Hegel zit. nach Theorie-Werkausgabe; ich beziehe mich auf: Phänom. d. Geistes Bd. 3; Enzyklopädie Bd. 10; Vorl. über die Phil. d. Gesch. Bd . 12; Vorl. über die Ästhetik Bd. 13; Vorl. über die Phil. d. Rel. Bd. 16/17; Vorl über die Gesch. d. Phil. Bd. 18; dazu: A. Chapelle, Hegel et la religion 3, Paris 1971, 30ff, 120ff; A. Léonard, La foi chez Hegel, Paris 1970, 271ff; Fr. Schupp, Glaube – Kultur – Symbol, Düsseldorf 1974, 277ff; Ch. Taylor, Hegel (stw. 416), Frankfurt 1983; M. Theunissen, Hegels Lehre vom absoluten Geist als theologisch-politischer Traktat, Berlin 1970; W. Weischedel, Der Gott der Philosophen I, 356ff.

bewußter Gewißheit des Subjekts vollzogen (17,311); Kultus ist die konkrete Fassung und Begehung von Religion in Gestus und Gesinnung, Andacht deren subjektiv empfundener Vollzug in Sammlung und Hingabe (Opfer, Erhebung), worin sich schon der Übergang ins Wissen ankündigt, welches sich so in Gott weiß, daß es diesen als manifest-offenbaren Geist und sich selbst als Ort und Durchgang solcher Offenbarung begreift. Kult und Andacht sind also innerste und höchste Form des Selbstvollzugs von Religion und damit Vorbereitung der Aufhebung in ihre Wirklichkeit, die bewußte Innigkeit von göttlichem und menschlichem Geist, worin die Philosophie (und die Sittlichkeit) als der eigentliche und fortdauernde Gottesdienst (16,28; 13,139, 18,97), als (mit Kant zu reden) Gebet ohne Unterlaß erscheint.

In alldem erweisen sich Kult und Andacht als notwendige und doch gefährdete Schwellenphänomene. So unerläßlich der Kult als Gesinnung und rituelle Begehung ist, so sehr sich in ihm das Wissen des Absoluten in geschichtlicher Mächtigkeit und Dringlichkeit faßt, so sehr läuft er Gefahr, Sonderwelt zu werden, veräußerlichte, entfremdende Zeremonie, die Welt aufzuspalten in sakralen und profanen Bereich, ein negatives Verhältnis gegen die endliche Welt zu entwickeln, in mönchischer Abstraktion Ehelosigkeit gegen Ehe, Armut gegen Selbsterwerb, Gehorsam gegen vernünftige Selbstbestimmung zu setzen und so eine freie Geschichte der Identität und damit die Gegenwart Gottes als Geist für den Geist zu vereiteln (17,331f). Der katholische Kultdienst in seiner Verdinglichung und Magie ist dann nur noch die Selbstzelebration einer abgespaltenen und abstrakten (Un-) Wirklichkeit. Freilich ist auch die innere Andacht, so sehr sie schon ins reine Denken weist, nicht ungefährdet. So kann schon die Unmittelbarkeit des Gefühls, das an sich gut und Anfang echter (und zugleich aufgeklärter) Religiosität sein mag (Pietismus), irregehen, sich zum inhaltlosen Ganzen aufwerfen, an sich genug haben und damit das Zentrum der religio, den absoluten Inhalt als Gegenwart, verfehlen. Der Kultus wird dann vollends „kahl“ (16,72ff), jeglicher Projektion (dem „Schießen ins Blaue“) ist freie Bahn gelassen. Schwer also, zwischen Extrinsezismus und Innerlichkeit den Weg zu finden, der die Offenbarung Gottes in geschichtlicher Konkretheit als

Weg zu/in selbstbewußter Freiheit zu begehen, beschreiben und reflektieren weiß.
Dazu bedarf es eines unvordenklich langen geschichtlichen Weges, der alle Religions- und Kultformen quasi als experimentelle Stadien durchläuft, um endlich im christlichen Kult seine Wesensgestalt zu finden. Auf jeder Stufe ist es der Kultus, in dem sich die jeweilige Religion faßt und zugleich der nächsthöheren überläßt, in sie auf- und übergeht [16,301ff; 329ff; 357ff; 384ff; 401ff; 430ff; 17,79ff; 125ff; 173ff]. In unermüdlicher Selbsterprobung führt der Geist sich selbst durch alle nur erdenklichen Formen der Andacht und des Kultus und ihres jeweiligen Welt-, Gott- und Naturverhältnisses. Da gibt es in den asiatischen und vorderorientalischen Religionen alle Formen der Trennung und Identifizierung von Kult und Leben, Innerlichkeit und Zeremonie, Endlichem und Unendlichem; falsche Furcht vor der abgespaltenen Transzendenz (Juden) wechselt mit ebenso zweideutiger Heiterkeit der Selbstaufgabe des Ich in Gott oder seiner unproblematischen Gegenwart in der sinnlichen Gestalt und mythischen Feier (Griechen), magische Verzweckung des Kultus mit gelassener Schau der Einheit von Natur und Geist in jeglicher Gestalt, und sei es der des Tieres. Dasselbe spiegelt sich noch einmal im Begriff von Schuld, Strafe und Sühne/Opfer, die von größter Veräußerlichung bis hin zu innerster Bekehrung reichen und onto- und phylogenetisch von Hegel differenziert beschriebene Stufen durchlaufen, die in manchem an Ricoeurs Darstellung der Symbolik des Bösen erinnern (16,2ff). Dabei ist jede der Religionen in sich noch einmal unendlich reich und widerspruchsvoll, was gerade im Kontrast von Andacht (gemeinter und gemeiner Innerlichkeit) und Kult sich austrägt. So steht bei den Juden neben der abstrakten, knechtischen Trennung von exklusivem Gott und Volk, die zu Furcht, äußerer Beobachtung der Gesetze u.a. führt, auch die Innerung der Weisheit, das Wissen um die Polarität und Schuldigkeit des Herzens. Oder den Griechen ist Religion einerseits das Menschlichste, insofern der Mensch sich in seinen Göttern gegenwärtig ist und erspiegelt (Kult als Gesinnung), der Gottesdienst also Gegenseitigkeit von Geben und Nehmen, eine „fortgehende Poesie des Lebens“ (17,137) ist, andererseits bleibt alles doch äußerlich, unbe-

stimmt, unheimlich (144f) und fehlt den Mysterien das Innere, Spekulative, Geistig-Freie, weshalb es in der griechischen Welt nicht zu einer gelungenen Verbindung von Philosophie, Mythos und Kult kommen mag. Eine solche ist erst im Christentum denkbar und geschichtlich wirklich geworden, insofern hier Gott als Mensch und damit als Substanz menschlichen Selbstbewußtseins erscheint, seinerseits dieses zur Selbstaufhebung in Gott nötigend und befreiend. Solches vollzieht sich im christlichen Kult. Erst in ihm finden sich äußere Form und innere Sammlung, Darstellung und Inhalt (fides quae und fides qua), Gott, Welt, Leben und wahre Erhebung zusammen (3,545), wird also Versöhnung formal und inhaltlich, geschichtlich und gedanklich wirklich.

Diese Versöhnung faßt zugleich die gesamte Problematik der Geschichte des Kultus und des Verhältnisses von göttlicher und menschlicher Freiheit als gegenwärtige in sich. Dazu bedarf es aber einer inneren Struktur von Kult und Andacht, einer dramatischen Dialektik und Durchführung, die nun zu entwickeln sind.

Kult und Andacht erweisen sich zunächst als Selbstvollzug des Wesens des Subjekts, seiner Freiheit, sind Entbergung dieses Wesens, Erinnerung seiner Geschichte. In beiden wird, so sie recht begangen werden, die dogmatische und bildhafte Vorstellungswelt einer Religion ins Wesentliche hinein vereinfacht, geschichtlich ausgebildet, in Sammlung und Gestik übersetzt. Das sonst verschüttete Wesen der Vernunft wird geschichtlich und seelisch wirklich (vgl. Tillich, Syst. Theologie I, 96ff; 16,212f). Dies nun freilich so, daß die Freiheit sich vor sich selbst bringt, sich entäußert, von sich selbst trennt, ein negatives Verhältnis gegen sich und ihre einseitige Endlichkeit gewinnt. Nur in der Trennung von sich, im Opfer gewinnt man sein Wesen, das empirisch alltägliche Selbstbewußtsein muß vernichtet, aufgegeben und aufgehoben werden, auf daß jenes Wesen überhaupt erscheinen und bewußt werden könne. Deshalb ist die Kehre, das Opfer, die Erinnerung, daß der Mensch sich nicht selbst gehört, Kern und Wesen des Kultes, um darin das Unendliche, Unvordenkliche, Absolute als Kern, Substanz, Wesen der eigenen Freiheit zu entdecken. Das, was bisher, wenn auch unendliches, Objekt menschlicher Andacht war, enthüllt sich nun als Immanenz, als Gewähr der eigenen Freiheit, als Subjekt, mit dem der Andächtige im Geist der Gegenseitigkeit und Teilnahme kommuniziert. Im Kultus wird die „Sprödigkeit des Fürsichseins“ abgetan und die konkrete Einheit von Gott in mir und mir in Gott so vollzogen, daß das Zeugnis des Menschen zugleich „Erzeugnis des absoluten Geistes ist, der darin ebenso als erst absoluter Geist sich erzeugt“ (16,212f; vgl. ebd., 28, 72, 220, 232–235; 12,68f). Oder genauer: „In der Andacht, die von Denken und Gedachtem herkommt, ist Gott für mich. Dies Denken des Allgemeinen ist dann eine bestimmte Weise, wie ich bin, als rein denkendes. Das Weitere ist, daß ich in der Andacht, in dieser Beziehung zur allgemeinen Substanz auf mich reflektiert bin, mich von diesem Gegenstand, ihn von mir unterscheide, denn ich habe mich aufzugeben; darin liegt das Bewußtsein meiner, und sofern ich nur Andacht habe als mich gegen Gott aufgebend, bin ich nur als Reflexion zugleich aus Gott in mich“. Das Ich weiß sich als endliches und darin zugleich vom Unendlichen als Moment übernommen (16,189), er-findet seine Freiheit in der Selbstaufgabe und umgekehrt weiß es das Absolute als innere Gegenwart in Vorstellung und Innigkeit. „Die Andacht ist ein Kultus der Gemeinde in seiner reinsten, innerlichsten, subjektivsten Form; ein Kultus, in welchem die Objektivität gleichsam verzehrt und verdaut und deren Inhalt nun ohne diese Objektivität zum Eigentum des Herzens und Gemüts geworden ist“ (13,143). Es wachsen also Unterschiedenheitsbewußtsein, Nötigung zur Selbstpreisgabe in die Objektivität des Absoluten und kenotische Selbstvergegenwärtigung dieses Inhalts in den Selbstvollzug des Subjekts hinein in atemberaubender Weise miteinander, eine unio mystica, eine Verschränkung der Selbstverhältnisse, die man als korreflexiv bezeichnen könnte, insofern hier menschliches und göttliches Selbstbewußtsein einander verschlingen und erheben.

Damit geht noch ein weiteres einher. Je individuell ernster menschliche Freiheit sich in diese Kehre begibt (17,325f), desto mehr wird der zunächst privat scheinende Vollzug als gemeinschaftlicher, im Geist begangener offenbar, desto mehr auch die ganze Religionsgeschichte neu und sublim gegenwärtig (16,235). Und dies zugleich in und als Theorie und Praxis. Kult und Andacht sind symbolische Vollzüge der Freiheit und der Kommunikation mit dem Absoluten, darin Arbeit an der Verwirklichung des epiphanen Charakters der Geschichte, der Erzeugung ihrer Sinngestalt, die in nichts anderem liegen kann denn in der sich begreifenden Freiheit. In solcher Einheit von geschichtlich-symbolischer Theorie und Praxis, als welche sich Andacht und Kult bewähren (müssen), heben diese sich in die Gestalt kommunikativer Freiheit, den Geist der Gemeinde so auf, daß darin das Selbstverständnis Gottes offenbar und definitiv-konkret vermittelt wird.

In diesem (gnadentheologischen) Zusammenhang, wo es um die Vermittlung von menschlicher Freiheit und göttlichem Geist und ihre gemeinsame Erhebung geht, kommen die Sakramente des Christentums zu stehen (17,322ff). Taufe, Buße und Abendmahl sind der Gipfelpunkt des Zusammen aller Elemente des Kultes und der Andacht in der Religionsgeschichte und Vergegenwärtigung des Gott-Mensch-Verhältnisses in jener Innigkeit, wie sie in Gestalt und Tod Christi sichtbar und geschichtlich greifbar geworden sind. Dabei wird die Stellung Kants zu den Sakramenten als zu äußerlich kritisiert, ihm vorgeworfen, daß seine moralistische Reduzierung das unglückliche Bewußtsein des Menschen noch verschärfe; also sind die Sakramente nicht als moralischer Appell, sondern als Erinnerung der vollbrachten Versöhnung zu feiern, insofern sich in diesen der subjektive Genuß bewußter Gegenwärtigkeit Gottes gewährt (17,327). Wiederum wird auch hier zwischen falscher Materialisierung des Sakramentes, wie Hegel sie im Katholizismus sieht, und ebenso falscher Verinnerlichung und Auflösung jener Geheimnisse in die „Prosa der Aufklärung“ die (lutherische) Mitte von geschichtlicher Vermittlung und innerem Vollzug des Selbstbewußtseins angezielt, auf welches letztlich alles ankomme (328f).

Damit kann man rückblickend noch einmal die Stellung von Andacht und Kult im Christentum umreißen. Einmal ist deren Struktur Vergegenwärtigung des offenbaren Wesens Gottes, der sich am Anderen seiner selbst, sich aufgebend, kundwird, ferner des Lebens und Todes Christi und damit Einführung in die Wahrheit der Opfer, wie sie in der Geschichte der Religion nur je vollzogen worden sind. Und endlich vollbringt sich hier das Gesetz der individuellen Freiheit des Subjekts, das sich nur insofern hat, als es sich im Opfer als Gegenwart des Absoluten reflektiert. Kult und Andacht sind als Höchstformen Selbstvollbringung der Einheit des gottmenschlichen Bewußtseins im Geist auf geschichtlicher und subjektiver Ebene.

Damit ist noch ein Weiteres gegeben. Andacht und Kult, zumal in ihren kategorialen Formen, sind nicht Selbstzweck, erschöpfen sich nicht in sich, sondern sind wahr nur als Übergang, in der Selbstaufhebung in die sich in ihnen ankündigende und anfanghaft vollbrachte geistige Bestimmung der Freiheit des Menschen in Gott. Ihre Aufhebung liegt schon in ihrem Wesen, d.h. im Prozeß des Geistes, wie er sich in Religion und Glaube durchführt, beschlossen (10,555, 565, 571; 13,19–144; 18,84, 97). Als Höchstform sind sie zugleich kritischer Punkt der Übergabe, müssen sie dem Gesetz des Opfers auch an sich selbst gehorchen. Ihre Form muß aufgehoben werden, um den Geist Christi, den Geist korreflexiver Freiheit zwischen Gott und Mensch in der Gemeinde zu wahren und zu heben, um darin zum wahren Kult und Gottesdienst im Geist zu werden (Jo 4, Röm 12; vgl. Léonard 277, Chapelle 124f). Die Andacht ist jener „Indifferenzpunkt von Religion und Philosophie" (Theunissen 139), von göttlicher und menschlicher Freiheit, von Geschichte und Ewigkeit des Wesens, an dem diese alle sich zur reinen Offenheit für jegliche Differenz entwerden und so zu ihrer Bestimmung gelangen. Je mehr der Mensch in der Andacht seiner inne ist und im Kult sich vor sich selbst vergegenwärtigt, umso mehr wird er sich als Gefäß und Durchgang göttlichen Geistes offenbar, um so mehr muß er sich dessen Dynamik anheimgeben, weil auch Gott nicht anders konnte, als sich in die Welt und die Freiheit des Menschen hinein zu verändern. Ein christlicher Kult, der solches nicht beginge, eine Andacht, die solches nicht bedächte und erinnerte, verkämen zu purer Äußerlichkeit und Sentimentalität, zu Riten- oder Gefühlszwang. Ihre Wahrheit, inhaltlich wie formal, mag deshalb in ihrer Selbstrelativierung, in ihrer demütigen Aufhebung bestehen, und gerade darin bilden sie sich der Gestalt Christi nach, der sein Eigensein nicht festhielt, sondern aufgab in den reinen Geist kommunikativer Freiheit und freien Denkens (13,143), wie er in der Geschichte konkret werden sollte.

III. Liturgie als eingelöste Philosophie: Rosenzweig[7]

Nach dem Scheitern hochgemuter Vernunft-, Freiheits- und Geistphilosophien, die den Menschen von sich her und auf sich hin zu definieren suchten, sehen sich nach dem 1. Weltkrieg Denker wie Künstler genötigt, der endlichen und gebrochenen Wirklichkeit des neuzeitlichen Menschen standzuhalten. Da gibt es kein Wesen mehr, das hinter und in den Dingen aufzufinden wäre, keine Reduktion auf letzte metaphysische Wahrheiten, kein Ein und Alles, von dem her „alles" sich ableiten und erklären ließe.

Ob in dialektischer Theologie, Existenz- oder Dialogphilosophie, immer ergibt sich Sein nur im prekären Zwischen von Mensch, Welt und (wenn je) Gott, sie retten sich nur miteinander, indem sie einander sich zusprechen, sich Raum und Wort gewähren, füreinander „etwas" bedeuten, ohne daß ein Pol zum Fixpunkt und Leitstern eines systematischen Gedankens gemacht werden könnte. Vielmehr ergeben sie sich in je neuer Konstellation, Korrelation und Übergänglichkeit; der Mensch erweist sich dabei als todbedrohtes und verwundbares Wesen, das sich allenfalls kraft der Verwundung, der Offenheit in Preisgabe und Empfänglichkeit zu fassen, das Losungswort seiner Existenz zu finden weiß; seine Identität versteht sich nicht in und aus sich selbst, sondern muß ständig neu erbettelt, erkämpft, erinnert, vorweggenommen, zu Welt und Gott in freien Bezug gesetzt werden. Dies geschieht in Tat und Anrede, in Sprache, Liebe, Wagnis, und für Rosenzweig vorab und zuletzt in Kult und Gebet, denn nur in ihnen vermögen sich Welt und Mensch in der Perspektive von Schöpfung, Offenbarung und möglicher Erlösung zu sehen – und Gott erscheint darin nicht als metaphysischer Fluchtpunkt, als Haftpunkt abstrakter Deduktionen, sondern eben als Schöpfer, Offenba-

---

7 Werke Rosenzweigs: Der Stern der Erlösung, Neuausg. Frankfurt 1988 [zit. Stern]; Das Büchlein vom gesunden und kranken Menschenverstand, Königstein 1984 [zit. Büchlein]; Zweistromland, Ges. Schr. 3, Den Haag 1984; dazu B. Casper, Das dialogische Denken, Freiburg 1967, 67–197, bes. 120ff, 190ff; H.J. Görtz, Tod und Erfahrung, Düsseldorf 1984, 324ff; St. Mosès, System und Offenbarung, München 1985.

rer und Erlöser. Und nur so wird der Mensch dem Wunder, das er in seiner Welt ist, standhalten und gerecht werden können und dürfen.
Da ist einmal die Perspektive der *Schöpfung*, in welcher die Welt dem Menschen von Gott her, d.h. als gegebener Indikativ, in ihrer Gesetzlichkeit und Vorfindlichkeit erscheint. Ihr entspricht das *Gebet der Heiden*, wie es sich bei Goethe findet, das Einverstandensein mit der Weisung des Seinssinnes, die Bitte, sich dem tätig zu fügen, was sich zuschickt (Stern 306ff, 315ff). Sprachlich herrschen hier der Indikativ, die Modi von Nominativ und Akkusativ, menschlich ein kontemplativ empfängliches Auge und wirkende Tat, metaphysisch ein mathematisch und ästhetisch bestimmter Ordo; und Gott mag darin als das Wovonher, als erinnerter Ursprung der Gefügtheit von Welt und Mensch aufgehen. Freilich sind diese wohl erst in Licht und Aufgang der Offenbarung als Schöpfung zu erkennen (Stern 203; man denke nur an Barth), der Mensch vermag sich erst im Angegangensein vom Augenblick der Verwunderung, im Aufblick zu dem, was ihn angeht und anspricht, also im Moment der *Gegenwart der Offenbarung* als geschaffenes Ich zu bekennen, insofern ihm sein Name, sein Gesolltsein und Dürfen in An- und Widerrede aufgeht. Hier ist der eigentliche Ort und Ursprung der Sprache (Grammatik) wie des jüdisch-christlichen Gebetes als Ant-wort auf den Anruf der Liebe, und umgekehrt ist das *Gebet* Ort und Anfang des Offenbarwerdens Gottes für den Menschen, insofern dieser sich öffnet für das Du, die Welt als begegnende – eben sich begegnen, sich Gabe und Imperativ sein läßt. Und darin geht als Hoffnung und Zu-kunft die *Erlösung* auf, das Reich, in welchem Gott, Welt, Mensch, Ich und Du im Wir gelöst und unaufhebbar beisammen wären. Da gibt es keinen objektiven Zugriff mehr, keinen Indikativ oder Imperativ, sondern alles lebt in der Freigabe des Dativs, des Einander-Sich-Gebens und Verdankens, der freienden Gelassenheit. Hier entspringt und mündet die *Liturgie,* in ihr wird Erlösung geahnt, vorweggenommen und in gemeinschaftlicher Begehung anfanghaft vollzogen, die Gutheit der Schöpfung, die Gegenwart der Offenbarung besungen und begangen. Was keiner Philosopie gelingt, weil sie stets alles auf die einförmige Perspektive des Betrachtenden hin reduzieren, auf ihren beschränkten Begriff bringen muß, das gewährt

sich im Kult, das freie und stimmige Verhältnis von Ewigem und Zeitlichem, Gott, Welt, Mensch, von Schöpfung, Offenbarung und Erlösung. Sehen wir näher zu, wie sich das Gesagte in Gebet und Kult ausprägt. *Das Gebet* ist für Rosenzweig, darin Kant und Hegel nicht unverwandt, kein aszetischer, isolierter Akt, erst recht nicht magische Beschwörung Gottes, in der dieser versucht und bezwungen würde, sondern Grundvollzug von (dialogischer) Freiheit, die sich als angesprochene, sich auferlegte und gewährte, als vor Gott und in Welt offenbare weiß, besser als solche angegangen und in Anrede und Aufbruch konstituiert wird (Stern 205f). Gebet und Erfahrung der Identität (die für Rosenzweig im Empfang des Eigennamens gründet) wie Offenbarung des menschlichen und göttlichen Du vollziehen sich gleichursprünglich und gleichzeitig, wie sich für Hegel Andacht und Aufhebung der Freiheit in den Geist verbanden. Dennoch sind Struktur und Vorgang hier völlig verschieden. War bei Hegel alles auf die Dynamik der Selbstreflexion konzentriert, in der zugleich Erhebung des Selbst wie des Gottesgedankens in ihrer „Eigentlichkeit" geschah, so bedeutet Gebet bei Rosenzweig Unterbrechung, Wahrnehmung der Nichtidentität von Gott, Welt und Mensch und damit die Umkehrung aller systematischen Zwänge von Welterklärung und -entlarvung. Der Mensch muß nicht mehr hinter die Dinge kommen, ihre Eigentlichkeit dem flutenden Nichts des Scheins entreißen, vielmehr darf er sich in seiner todgeweihten Endlichkeit einfinden, darf und muß sich als endliches Wesen zu allem Endlichen verhalten, um sich dann als Gattungswesen und Einzelner, inmitten von Welt- und Geschlechtszusammenhang als bei seinem Namen Genannter entgegenzunehmen. Im Wortereignis wird seine Seele zu sich und ihrer Welt- und Gottbeziehung geweckt, fähig, die Dinge zu benennen und sich in den Zusammenhang der Sprachgeschichte einzufügen. Hier empfängt sie sich selbst, ihren weltlichen Ort und darin das zweieine Gebot: Du sollst Du sein; Du sollst lieben – und entdeckt, daß genau dies ihrem Sein wie dem des Anderen und der Welt entspricht, und darin entbirgt sich ihr die offenbarende Gegenwart Gottes, in welchem Wort („Gott") alle Eigennamen und Dingworte versammelt, geortet und gerichtet sind (Stern 197ff, Büchlein 72–76; 86ff; 101ff). Damit ist Gebet Ort und kritischer Vollzug der Offenbarkeit von Welt-Mensch-Gott in ihrem Füreinander, Gebot und Antwort in einem, Empfang des Seins und Bekenntnis zu ihm. Und darin kein privater Akt, sondern zutiefst weltbezogen und gemeinschaftlich. Da nämlich je-der Mensch den Ruf, Ich zu sein, empfängt, ist er gerufen, mit seiner einmaligen Existenz und als ins Wir eingestifteter, also in vielstimmigem Chor zu antworten und den Segen eines Gottes, der allen Du ist, für die gemeinsame Weltzeit zu erbitten. Dabei ist „Gott“ zugleich Eigenname und Benennung, Dingwort. „Soweit er Name ist, finden sich unter ihm die Menschen mit ihren von Haus aus verschiedenen Namen zusammen; soweit er Wort ist, gibt er den Dingen den Anstoß zu Ordnung und Verflechtung. Jenes, indem die Menschen ihn rufen, dieses, indem Dinge ihm und durch ihn geweiht werden“ [Büchlein 102].

Das private Gebet hält sich demnach nur (wenn überhaupt) für einen Augenblick in und bei sich selbst, es entwird sich sofort zum Dank (Erinnerung der Gutheit der Schöpfung), zum Zwie- und Chorgesang, der nicht von außen zustoßendes Gebot, sondern Vollzug gemeinschaftlicher Freiheit ist, insofern in ihm der vollendete Dativ, das Reich als gekommen bekannt und begangen wird. So muß man dazu nicht auffordern, sondern eher einander ermuntern, einzustimmen in das, was sich gewährte (Stern 255–261). Und zugleich bricht das Gebet in den Schrei um die Vollendung solchen Reiches aus, wird Stoß-Gebet, in welchem der noch ausstehende Friede ersehnt und herbeigefleht wird (ebd. 205ff). Dabei ist es wichtig, daß der Beter sich nicht schwärmerisch oder magisch-naturreligiös in illusionäre Fernen wegträumt, die Erlösung erzwingen, Gott versuchen will, er muß vielmehr seiner zugemuteten Nähe, Dringlichkeit und entlegenen Ferne standhalten. Das Gebet ist also die „Bahn“ zur Hebung der Welt und zugleich die Ur-Versuchung, weil hier der Mensch Gott gegenüber „so frei ist“, grenzenlos alles erbitten zu können (295ff). An dieser kritischen Stelle bedarf es der Einbettung des Gebetes in die Geschichte der Erwählung, der kollektiven Erinnerung. So sehr also das Gebet zentral ist für die Aufhebung der Philosophie in die Gebärde der Freiheit und Gegenwärtigkeit des Menschen vor Gott, der entscheidende Vollzug kommunikativer Erlösung geschieht in der

Liturgie. Nur in ihr sammeln sich alle Züge und Dimensionen, denen wir bisher begegnet sind.

Liturgie ist Erinnerung und Vorwegnahme, ja sogar schon Vollzug und „Gestalt“ der Erlösung, der Existenz im Dativ, Anruf und Verwirklichung des Reiches. Hier treffen sich alle seelischen, dialogischen, sprachlichen, selbst leiblichen Komponenten des Menschen, hier sind Gott, Mensch, Welt versammelt, Schöpfung und Offenbarung aus der Sicht der kommenden Erlösung erinnert. Ausführlich schildert Rosenzweig den Reigen des jüdischen und christlichen Kultjahres in ihrer charakteristischen Strukturverwandtschaft und -verschiedenheit (Stern 343–364, 392–420; Mosès 144ff, 193ff). Die jüdische Existenz erfährt sich für ihn als schon je naturhaft, in ihrem Stamm erwählte und darin den profanen Weltläufen merkwürdig entnommene, entlegene, als schmerzhaft exilierte. Weil sie absolut beheimatet ist, bleibt sie fremd, bleibt ihr nichts anderes als ausständig die ausstehende Erlösung zu erwarten. Diese hier nicht weiter zu diskutierende Konzeption spiegelt sich im ganzen Festkreis, vorab im wöchentlich wiederkehrenden Sabbat, der zunächst die Erinnerung an die Schöpfung und ihre Vollendetheit (Ruhe), dann aber auch die Gegenwart der Offenbarung und Vorwegnahme endgültiger Erlösung darstellt, welche Dreiheit sich im Vorabend-, Morgen- und Nachmittagsgebet spiegelt. Zentraler Vollzug der Versammlung ist das *Hören* auf die verlesenen Texte, das diese allererst als solche konstituiert. Dabei kann es nicht um subjektive Auslegung, die die Zuhörerschaft spalten und vereinzeln würde, gehen, sondern nur um die ergehende Gott-Rede, die alle zugleich und in gleicher Weise angeht. Die *Offenbarung* wird vorab in den *Wallfahrtsfesten* erinnert und vergegenwärtigt, das einmal Geschehene und Widerfahrene zur bleibenden Gegenwart erhoben. Das geschieht in Rede und Widerrede, zumal aber im Mahl der Tischgenossenschaft, in welcher sich die Gemeinsamkeit des Blutes und des gottgegebenen Geschicks versinnbildlicht und realisiert. Im Pascha-Osterfest wird dabei eher der Stiftung des Volkes, im Wochenfest der Offenbarung, der gebietenden Anrede Gottes in der Gewährung des Gesetzes, im Hüttenfest der einstigen Erlösung gedacht, so daß wie beim Sabbat auch bei den Festen der Offenbarung alle Dimen-

sionen auf ihre Weise vertreten sind. Immer aber ist es der gemeinsame Vollzug von Mahl, Studium, Gespräch und in alldem der familiäre Charakter, ja eine Freude, die vom Preis Gottes bis zum weinseligen Scherz reicht, die das Kolorit dieser Feste bestimmen und Weltfreudigkeit, Hochgemutheit und Verankerung im Sein Gottes als konnaturalen Grund jüdischer Existenz ausweisen.
Und da sind endlich das *Versöhnungs- und Neujahrsfest,* in welchem der *Erlösung* so gedacht wird, daß sie im Vollzug beschworen, gleichsam realisiert wird. Und dies vorab im Gestus des Niederkniens, des reinen Grußes. Der Gruß, die Gebärde, in der sich die Liturgie vollendet und aufhebt (329, 357ff), ist inniger und universaler als das Wort und die Tischgenossenschaft, die immer nur einigen Wenigen vorbehalten sind, während die reine Gebärde der Anbetung vor Gott keine Grenzen mehr kennt, also an sich schon die Versöhnung, die Erlösung bedeutet.
Rosenzweig legt in alledem auf zwei Dinge Wert: auf die ganzheitliche Begehung und einladende Objektivität der Riten, von Raum, Kleid, Gestus wie die bleibende Spannung von vertraut-vertrauender Eingelassenheit und endzeitlicher Ausrichtung. Der jüdische Kult ist, gerade weil das Volk an sich schon in und bei Gott begründet ist, ganz nach vorn, auf das Kommen des Reiches ausgerichtet, ausgespannte Gebärde der Hoffnung. Und all dies mag sich vorab und zuletzt im Tanz, in der freien Gebärde ausdrücken und vollenden, worin sich Innigkeit, Schöpfungsfreude, familiäre Gemeinschaftlichkeit, Profanität und Ausgesetztheit jüdischen Lebens zugleich bekunden.
Das Christentum hingegen hat die Erlösung gleichsam im Rücken, kann sie als erfüllte anschauen und verehren; nur deren schöpfungsgemäße Einlösung und Durchsetzung steht noch aus und muß missionarisch und in weltoffener Arbeit erwirkt werden. Es ist deshalb weltförmiger, hat weder natürliche Beheimatung noch Exilscharakter, weshalb seinem Kult der familiäre wie der ekstatische Charakter fehlen und etwa dem jüdischen Erlösungsfest kein christliches Pendant entspricht. Dafür vermag es sich besser den natürlichen Zyklen der heidnischen und staatlichen Feste anzugleichen, wirkt weltverwandelnd, trägt die Welt in die geschehene Erlösung ein und ihr entgegen.

Der christliche Kult erinnert deshalb die Erlösung, den geschehenen Neuaufbruch, sucht ihn der Welt und den Einzelnen in ihn einzustiften. Der Sonntag verweist auf das Pascha, ist Erinnerung des absoluten Anfangs der Entstehung. Weihnachten begeht mit der Sonnenwende den Neubeginn in der Geburt des Heilands und entspricht so (gegen alle gewohnten Schemata) dem jüdischen Osterfest, Ostern erinnert die Offenbarung Gottes in Kreuz und Erstehung und Pfingsten die Offenheit der Kirche auf die Erlösung zu. Ein dem Versöhnungsfest entsprechendes Ereignis gibt es nicht. Auffällig auch die Unterschiede im Stil. Es fehlt das Unbefangene, Gemeinschaftliche, aber auch Sehnsüchtige und Offene, das Tänzerische, das Profane des jüdischen Kultus; Wort und Sakrament sind eher dem Einzelnen zugewandt, die Versammlung bleibt letztlich eine nachträgliche, muß durch den Raum der Kunst (Kirchenbau, Musik) erst atmosphärisch gebunden und gehoben werden. Der Christ ist und bleibt, gerade auch beim Abendmahl, immer ein Einzelner, der hinzutritt, ein Bekehrter, ein ins Offene Gesandter, beauftragt, die Welt heimzuholen. Und das Ganze ist statischer, denn das Wesentliche ist geschehen, es wird (wiederum zunächst in der Kunst, vorab der Malerei, dann wesentlich in Wort und Sakrament) erinnert, bewahrt, der jeweiligen Zeit zugesprochen. In Theologie und Kult sind Juden und Christen damit füreinander komplementär, müssen und dürfen sie einander ergänzen, um die ewig gegründete und stets noch offene Geschichte des Menschen und der Welt mit Gott zu begehen, zu erinnern, ins Unbegangene hinein frei zu halten – auf ihre Einlösung in Wahrheit, Weg und Leben hin [Stern 399–450].

Liturgie erscheint bei Rosenzweig also als eingelöste, erlöste, gelöste Philosophie. Sie erlöst diese aus dem selbstgeschaffenen Teufelskreis, alles sein, um sich dann stets von neuem wieder als nichtig entlarven zu müssen. Kurzum, sie wird von ihrem totalitären Ideologiedruck befreit, aufgehoben in eine Gebärde kommunikativer Freiheit, eingelassen in unvordenklich-offene Zeiten und Räume, in welchen jeder seinen vielgestaltigen Namen zu er-finden und den Urgrund allen Nennens anzurufen vermag. In Gebet und Liturgie wird das Denken auf eine offene Bahn gesetzt und findet zugleich seine lebensnahe und alles eröffnende Gestalt. Es geschieht hier kritische Selbst- und Weltgegenwart, Verwirklichung des Eigenseins eines jeden, Eröffnung der Offenbarung Gottes. Rosenzweig hat also durchaus von Kant und Hegel gelernt und sie zugleich von seiner jüdischen Denk- und Lebensform her kritisiert, vom Zwang ihres Selbstdenken- und Begreifenmüssens befreit. Allerdings, und dies ist noch zu bedenken, hat und ist auch die Liturgie nicht das letzte Wort. Sie ist Tür, ermöglicht eine Existenz im Tor, ist offen ins Innere und Äußere gewendet; sie gehört nicht sich selbst, ist nicht Selbstzweck, sondern muß innere, gewährte, erlittene und erkämpfte Erkenntnis der Wahrheit, Weggestalt und Leben werden. Nur was mit Leib, Sinnen, Geist zugleich erkannt und erkauft ist, be-wahrheitet sich, nur eine Liturgie, die den Christen an den offenen Weg und den Juden an das gelebte Leben freigibt und verweist, ist erträglich und wahr. Jeder muß mehr sein als er ist, ob Liturge, Philosoph oder Theologe, nur der Mensch nicht, er ist so gemeint, darf leben, soll nur er selbst werden. Eine Liturgie, die das nicht erinnerte und ermöglichte, hätte ihre Berechtigung verloren, ihr Sein verwirkt. Und wieviel an liturgischen Begehungen vermöchte vor den Fragen der Philosophie, erst recht vor einem Bedenken von Weg und Leben, in dem Gott, Welt und Mensch zugleich ernstgenommen würden, zu bestehen? Wo wäre die Liturgie, die die Dreieinigkeit von Schöpfung – Offenbarung – Erlösung, von Name, Freiheit, Ruf und Antwort, von Wahrheit, Weg und Leben wirklich darstellte? Wo eine Liturgie, die den Einzelnen in seine Freiheit und ins Wir versammelte und darin andächtig das Ganze des Seins, des Weges zwischen Gott und Mensch bedächte und beginge? Und umgekehrt: wieviel an philosophischer Behauptung ginge zu-grunde, wenn sie sich ernsthaft in den unvordenklichen Raum des Kultus hineinhielte? Und wieviel von beiden, von Philosophie und Liturgie, könnte bestehen, wenn sie um die erlittene Freiheit des Menschen, um die prekäre, d.h. der Bitte würdige, Gestalt und Schwebe der Welt, und um jenen Gott wüßten, der immer zu fern ist, um ihn zu bewahrheiten, zu nah, um ihm zu entrinnen, Grenzwert, Allraum, Wort, Name, Ruf, Du, Er, Niemand?

Das Gebet im Halbdunkel – Vom Offenbaren und Verbergen im Bekenntnis von Schuld

Joachim Hake

„Erkläre nichts.
Stell es hin.
Sag's
Verschwinde."[1]

Ein belebtes Viertel irgendwo in New York. Straßenlärm. Ein Mann betritt in einer katholischen Kirche den Beichtstuhl und legt eine Beichte ab. Er heißt Fried Adelphi und ist Kartäuser. Von seinen Mitbrüdern wurde er vom Schweigegelübde entbunden. Sie geben ihm den Auftrag, seine Kartause zu verlassen, um in Indonesien die Besitzerin ihres Klosters aufzufinden, damit sie den auslaufenden Pachtvertrag verlängert. Mehrere Versuche des Klosters, mit der Besitzerin Kontakt aufzunehmen, waren vergeblich, und so beginnt für Fried Adelphi eine Odyssee, eine Irrfahrt und Reise ins Ungewisse. Nach 25 Jahren Zurückgezogenheit und Gebet in der Kartause ist Fried die Welt draußen fremd, chaotisch und unbekannt. Nur mit Hilfe von Ashaela, einer Afro-Amerikanerin, die sich ihm anschließt, gelingt es ihm, seine Mission zu erfüllen. Im Halbdunkel und der Stille des Beichtstuhls beichtet er die Geschichte dieser Reise, bevor er in seine Klosterzelle zurückkehrt. Father Mulligan, Frieds zufälliger, amtsmüder Beichtvater bittet Fried am Ende der Beichte noch einen Tag zu bleiben und ihm seinerseits die Beichte abzunehmen.

Dies ist in aller Kürze der Inhalt des Filmes „The broken silence"

1 Elias Canetti, Das Geheimherz der Uhr. Aufzeichnungen 1973–1985, Frankfurt am Main 1990, S. 148.

(1996)[2] des Schweizer Regisseurs Wolfgang Panzer. Er erzählt eine Liebesgeschichte, die Geschichte einer Reise durch Südostasien und die Geschichte einer Wiederentdeckung der Welt da draußen nach vielen Jahren klösterlicher Zurückgezogenheit. All dies wird erzählt als Beichte, als Schuldbekenntnis aus der Perspektive des Gesprächs zwischen Fried Adelphi und Father Mulligan.

„Erkläre nichts. Stell es hin. Sag's. Verschwinde." Dieser Aphorismus von Elias Canetti könnte dem Zuschauer angesichts der Beichte Frieds einfallen und die Wirkung andeutend beschreiben, die sie beim Zuschauer hervorruft. Es ist nicht der Inhalt der Beichte, diese „exzentrische Bahn" eines Kartäusers zwischen Abschied und Rückkehr ins Kloster, die – bei aller Dramatik und postmodernen Exotik – diesen Film bedenkenswert sein läßt. Es sind vielmehr zwei Irritationen, die das Nachdenken reizen. Erstens wird der Zuschauer, ohne Voyeur zu werden, Zeuge einer nicht für seine Augen und Ohren bestimmten Beichte, deren schützenswerte Intimität nirgends verletzt scheint. Und zweitens sieht er sich mit einer alten spirituellen Übung in einer naiven, völlig ungebrochenen Weise konfrontiert, die den Blick einer zweiten Naivität auf etwas freigibt, das aus vielen Gründen für Christen und Theologen gleichermaßen verloren und vergessen ist.[3] Es sind die merkwürdige Dialektik von Ent-

---

2 Als Erstinformation zu diesem Film siehe die Besprechungen von Horst Peter Knoll (film-dienst 14/96) sowie H.G. Pflaum (epd-Film 11/96). Informativ auch das Gespräch mit Wolfgang Panzer, in: Presseheft zu Broken Silence, Wal Film 1996.

3 Für die Gegenwart dürfte gelten, daß die Praxis der Ohrenbeichte auch bei bekennenden Christen weithin aus der Übung gekommen ist. Die Gründe für diese Entwicklung sind vielfältig und wie immer von verschiedenem Gewicht: Die Neurotisierung von Schuldgefühlen im Gesamtzusammenhang der Schuld- und Sündenpredigt christlicher Verkündigung, mangelnde psychologisch-therapeutische Kompetenz der Beichtväter, eine weithin rechtliche Betrachtung des Bussakraments, die unglückliche Fixierung auf das 6. Gebot, der Vertrauensschwund in die Heilsmittlerschaft der Kirche und ihrer Vertreter und dies alles bei gleichzeitigen Alternativen im Umgang mit Schuld und Schuldgefühlen im Bereich der Psychotherapie. All dies macht einen unbefangenen Blick auf die Ohrenbeichte für einen (katholischen) Christen beinahe unmöglich. Panzer indes sagt von sich: „Ich bin kein Katholik, ich bin lutheranisch erzogen worden. Ich bin auch kein gläubiger Christ, ich bin überhaupt kein gläubiger Mensch ... Wenn ich glauben würde, würde ich wahrscheinlich Katholik werden ..." (s. Gespräch mit Panzer).

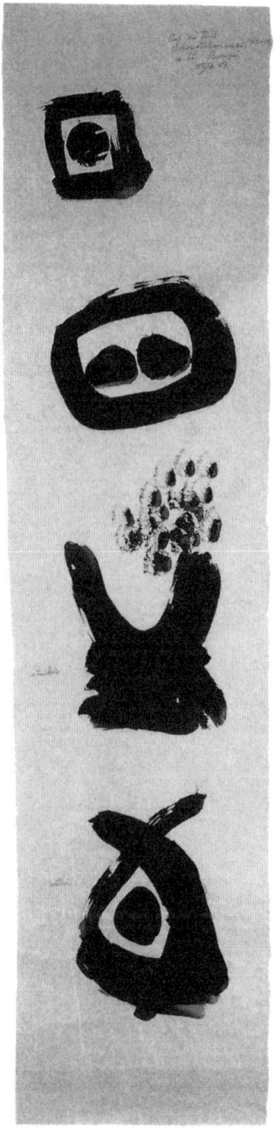

Julius Bissier: *Auf den Tod Oskar Schlemmers 15.4.43,* 1943

hüllen und Verbergen, die Gebets- und Bekenntnisscham und darin die Not, die richtigen Worte zu finden und das Schweigen zu brechen, die dieser Film dem Zuschauer in der Beichte Frieds neu zu bedenken vorgibt.

1. Ein von den Theologen vergessenes Thema

In der Gebetsliteratur spielt die Literatur zum Schuldbekenntnis nur eine untergeordnete Rolle. Friedrich Heiler widmet ihm in seinem klassischen Buch nur einige wenige Bemerkungen.[4] Wo der Zusammenhang von Philosophie und Gebet erörtert wird, fehlt eine Behandlung dieses Themas beinahe vollständig.[5] Das theologische Nachdenken richtet sich vornehmlich auf die entsprechenden Inhalte des christlichen Glaubens wie Schuld, Sünde, Vergebung und Erlösung und hat üblicherweise kaum Interesse, christliche Übungen, Vollzüge und Praktiken zum Gegenstand ihrer Reflexion in systematischer Absicht zu machen. Da die Übung der Ohrenbeichte weithin zusammengebrochen ist, ist dies für diesen Bereich christlicher Spiritualität verständlich, verstellt aber entscheidende Einsichtsmöglichkeiten zum Zusammenhang von Schuldbekenntnis und Selbsterkenntnis. Ohne im engeren Sinne theologisches Interesse haben der Philosoph Michel Foucault, sein Lehrer in der Altertumswissenschaft Pierre Hadot und der Soziologe Alois Hahn verschiedene Formen des Schuldbekenntnisses, vor allem aber die Ohrenbeichte, thematisiert und übereinstimmend die wichtige Funktion des Schuldbekenntnisses für die Ausbildung selbstreflexiver Subjektivität festgestellt.[6] Mit gewissem

---

4 Friedrich Heiler, Das Gebet. Eine religionsgeschichtliche und religionspsychologische Untersuchung, München 1920, S. 378 und 452.

5 Zu erwähnen ist hier einzig Richard Schaeffler, Das Gebet und das Argument. Zwei Weisen des Sprechens von Gott. Eine Einführung in die Theorie religiöser Sprache, Düsseldorf 1989. Auch hier ist allerdings die Struktur des Schuldbekenntnisses nicht direkt Thema.

6 Die diesbezüglichen Anregungen sind bislang kaum theologisch rezipiert und fruchtbar gemacht worden. Vgl. vor allem Michel Foucault, Sorge um sich (Sexualität und Wahrheit Bd. 3), Frankfurt 1986; Pierre Hadot, Philosophie als Lebensform. Geistige Übungen in der Antike, München 1991; ders., Wege zur Weis-

Recht hat Foucault in diesem Kontext bemerkt, daß die Hermeneutik realer Praktiken der Christentumsgeschichte „niemals zu einer Dogmatik verdichtet worden“ ist, „wie es für die Texthermeneutik gilt“[7].

Die nachfolgenden Überlegungen gehen von dieser Beobachtung und Anregung Foucaults aus. Über den Umweg einiger Motive des Films von Wolfgang Panzer sowie (als dessen Negativ) der Erzählung „Der Fall“ von Albert Camus versuche ich eine Interpretation des Schuldbekenntnisses als Gebet und frage darin vor allem nach seiner Logik des Offenbarens und Verhüllens. Die die Interpretation leitende These ist einfach:

In jedem in rechter Weise offenbarenden Bekenntnis liegt paradoxerweise ein Anspruch auf Undurchschaubarkeit, eine der „Schamlogik“ des Bekenntnisses entsprechende Verweigerung letzter Transparenz, Erklärung und Öffentlichkeit. Es ist dieser Öffentlichkeitsvorbehalt, der allein ein Bekenntnis glücken läßt. In die Metaphorik des Lichts übersetzt, kann man sagen: Die Form dieses schamhaften Vorbehalts, der Spannung von Offenbaren und Verbergen ist das „Halbdunkel“[8]. Daß dieses

---

heit oder Was lehrt uns die antike Philosophie?, Frankfurt am Main 1999. Foucault betrachtet das Schuldbekenntnis im Kontext seiner Analysen der von ihm so genannten „Selbstpraktiken“ mit Blick auf eine „Ästhetik der Existenz“ bzw. „Lebenskunst“. Pierre Hadot analysiert das Schuldbekenntnis unter dem Titel „spirituelle Übungen“ und hat besonders die Abhängigkeiten zwischen antiken Philosophenschulen und christlicher Spiritualität im Blick. Vgl. zu beiden Ansätzen Pierre Hadot, Überlegungen zum Begriff der ‚Selbstkultur‘, in: Spiele der Wahrheit. Michel Foucaults Denken, Frankfurt am Main, S. 219–228. Für unseren Zusammenhang ist von entscheidender Bedeutung, daß die Aufmerksamkeit für die Praxis des Schuldbekenntnisses innerhalb der antiken Philosophenschulen in dem Moment sich einstellt, als die antike Philosophie insgesamt nicht mehr primär vom theoretischen „Erkenne dich selbst“, sondern von der praktischen Selbstsorge aus interpretiert wird. Alois Hahn analysiert das Schuldbekenntnis unter dem Titel einer „reflexiven Technik der Selbstthematisierung“ und hebt seine Funktion für die Konstitution der eigenen Biographie und die Deutung der eigenen Lebensgeschichte hervor. Vgl. aus der Fülle der Aufsätze z.B. ders. und Herbert Willems, Schuld und Bekenntnis in Beichte und Therapie, in: Religion und Kultur (Kölner Zeitschrift für Soziologie und Sozialpsychologie. Sonderheft) Opladen 1993, 309–330.

7 Ders., Technologien des Selbst, in: Martin H. Luther (Hg. u.a.) Technologien des Selbst, Frankfurt am Main 1993, S. 24–62, hier S. 25.

8 „Die seltenen Schwierigkeiten, mit denen eine Phänomenologie der Scham und des Schamgefühls zu ringen hat, haben ihren Grund in der Sache selbst. Dieses

„Halbdunkel" des Bekenntnisses nicht Obskurantismus meint und nicht im Widerspruch zu Selbsterkenntnis und freier, selbstbewußter Schuldübernahme steht, sollen die Beobachtungen an dem Film von Panzer, der Erzählung von Camus sowie einiger Details der christlichen Bußgeschichte zeigen. Jesus selbst hat klare Anweisungen zu Art und Ort des rechten Gebets gemacht. Mit einem Hinweis zum Gebetsglauben Jesu wollen wir anfangen.

2. Die Abgeschiedenheit des Beters

Zu den zentralen Aussagen neutestamentlicher Gebetstheologie gehört die Aufforderung Jesu, an einsamen, nichtöffentlichen Orten zu beten. Jesus selbst zieht sich zum Gebet in die Wüste zurück und mahnt seine Anhänger: „Du aber geh in Deine Kammer, wenn Du betest …" (Mt 6,6) Mit dieser Mahnung ist wohl gemeint, daß es der Intimität der betenden Gottesbeziehung entspricht, sich den Blicken der Öffentlichkeit zu entziehen, da diese dadurch nur gestört wird. Die Blicke der anderen stören, weil sie anschauen und objektivieren wollen und müssen, was sich anschauen und objektivieren nicht läßt: eben die intime Hinwendung des Beters zu Gott. Eine Gefahr dieser Störung besteht darin, daß der Beter sich die Perspektive der Betrachter zu eigen macht, sich unter ihren objektivierenden Blick stellt und beginnt, sein Gebet zur Schau zu stellen. Die Grenze der Heuchelei, der Frömmelei ist schnell erreicht und die vielen Worte, das „Plappern der Heiden" ist eine fast sprichwörtliche Versuchung. Bedeutender und für die Logik des Gebetes (bzw. des Bekenntnisses) wesentlicher scheint indes jene Scham zu sein, die jenseits moralischer Kategorien der Authentizität und Ehrlichkeit jeder Beter kennt.

Gefühl gehört gleichsam dem Clair-obscur der menschlichen Natur an." So beginnt Max Scheler seine berühmte Schrift „Über Scham und Schamgefühl". Ders., Gesammelte Schriften, Bd. 10, Bern 1957, S. 65–153, hier: S. 65. Das Wesen des Schamgefühls bestimmt er hier u.a. als „Rückwendung des Individuums auf sich selbst und (als) Gefühl einer Notwendigkeit des individuellen Selbstschutzes vor aller Sphäre des Allgemeinen …" Ebd. S. 90.

Dies wird nicht nur durch die Erfahrung der Scham des Betenden belegt, der beim Beten überrascht wird, sondern dies hatte wohl auch Kant im Blick, als er den äußeren Anblick des Betenden, der mit einem unsichtbaren Gott zu sprechen scheint, der prinzipiellen Lächerlichkeit verdächtigt.[9] Das innige Verhältnis des Beters zu seinem Gott und die betrachtende Außenperspektive sind absolut inkommensurabel und – jenseits aller moralisch-ethischen Zuordnungen – schambesetzt.[10]
Die Spannung von Gebet und Vernunft, die die Aufsätze dieses Bandes thematisieren, ist auch eine Spannung ihrer Orte, der Spannung von Heimlichkeit und Öffentlichkeit, Dunkelheit und Licht sowie von Intimität und Transparenz. Dies ist mit wenigen Bemerkungen leicht skizziert: Zweifellos ist der übliche Gebrauch der Vernunft ein öffentlicher und zumindest nach der Aufklärung ist lichterfüllte Transparenz eines ihrer größten Ideale. Der allgemein zugängliche Marktplatz in der Mitte einer Stadt ist das Wirkungsfeld des Protophilosophen Sokrates, und die verschiedenen Foren freier Bürger – z.B. das Parlament und das Katheder der Universität – sind seither die bevorzugten Orte des Denkens, des Argumentierens und des philosophischen Gesprächs. Versteckte Hinterzimmer und dunkle Winkel sind verdächtig, Transparenz und Durchsichtigkeit, allgemeine Nachvollziehbarkeit, universale Begründungs-

---

9 „Man wird … von selbst erwarten, daß jener (sc. der Beter) darüber in Verwirrung oder Verlegenheit, gleich als über einen Zustand, dessen er sich zu schämen habe, geraten werde. Warum das aber? Daß ein Mensch mit sich selbst laut redend betroffen wird, bringt ihn vor der Hand in den Verdacht, daß er eine kleine Anwandlung von Wahnsinn habe …“ Immanuel Kant, Religion innerhalb der Grenzen der bloßen Vernunft, B 303/A 285. Elmar Salmann sieht in dieser wenig beachteten Bemerkung Kants eine erste Vorwegnahme der Blick- und Schamanalysen Sartres. Ders., Andacht. Philosophen vor dem Phänomen der Liturgie, in diesem Band S. 81. Das Problem der Scham stellt sich im Schuldbekenntnis gleich mehrfach: Scham angesichts des als Schuld Erkannten, die Überwindung der Scham im mündlichen Bekenntnis und dies alles als Gebet vor und zu Gott. So sehr Kant das Gebet als innere „Form aller Handlung“ und als „Herzensdienst“ würdigen konnte, so wenig ist von ihm über die rechte Überwindung der mit dem Schuldbekenntnis verbundenen Scham zu lernen.

10 Innerhalb der Gebetsliteratur fällt auf, wie häufig einleitend die Schamproblematik angesprochen wird. Um nur zwei Beispiele zu nennen: Gerhard Ebeling, Das Gebet, in: ders., Wort und Glaube, Bd. III, Tübingen 1975, S. 404f.; Oscar Cullmann, Das Gebet im Neuen Testament, Tübingen 1994, S. 1.

und Erklärungspflicht sind die höchsten Gebote, die allererst Freiheit und Vernunft ermöglichen.

Ganz anders das Gebet. Der rechte Beter sucht forums- und marktplatzferne Plätze auf und zieht sich zurück. Geht Sokrates auf das Forum und Kant an das Katheder, so geht Jesus für das Gebet in die Wüste, sucht Einsamkeit und Zurückgezogenheit und empfiehlt seinen Anhängern, sich zum Gebet an einen abgeschiedenen Ort zu begeben.

Diese Empfehlung Jesu mit der katholischen Beichtpraxis der Ohrenbeichte im Schutzraum des halbdunklen Beichtstuhls oder Beichtzimmers in Verbindung zu bringen, ist möglicherweise ein befremdender Gedanke. Aber was für das Gebet im allgemeinen gilt, gilt für das Gebet des Schuldbekenntnisses in ganz besonderer Weise, da in ihr der Umgang mit Scham besonders schwierig und die (öffentliche) Versuchung zur Heuchelei und Frömmelei besonders angelegt ist. Einerseits muß Schuld bekannt (öffentlich) und das Schweigen im mündlichen Bekenntnis gebrochen werden. Gleichzeitig besteht die Gefahr, die Intimität der eigenen Schuldanerkenntnis und des Gottesverhältnisses einer falschen Öffentlichkeit auszusetzen und darin die Logik des Schuldbekenntnisses unter der Hand in eine öffentliche Selbstrechtfertigung zu verkehren. Darin liegen die wesentlichen Schwierigkeiten des Schuldbekenntnisses als Gebet. Die christliche Bußgeschichte hat einige Formen entwickelt, mit diesen Schwierigkeiten umzugehen. Auf einige Motive weise ich im folgenden hin.

3. Die Abschaffung der Helligkeit

Die Geschichte des christlichen Schuldbekenntnisses ist mehrfach dargestellt worden.[11] In diesen Darstellungen wird übereinstimmend festge-

[11] So z.B. Hanspeter Heinz, Die Feier der Versöhnung. Einführung in die christliche Bußliturgie, in: Hanspeter Heinz u.a. (Hg.) Versöhnung in der jüdischen und christlichen Liturgie (=QD 124) Freiburg im Breisgau 1990, 11–31, hier S. 20. Die Geschichte von Sühneliturgien, Bußfeiern bis zur Ohrenbeichte findet sich aus liturgietheologischer Perspektive dargestellt bei R. Meßner, Feiern der Um-

stellt, daß diese Geschichte als eine Geschichte zunehmender Subjektivierung, Individualisierung und Verinnerlichung gedeutet werden muß. Nach der öffentlichen und einmaligen Buße in der frühen Kirche vor der versammelten Gemeinde wurde nach der Tarifbuße innerhalb der Bußformen des iro-schottischen Mönchtums zu Beginn des zweiten Jahrtausend die wiederholbare Ohrenbeichte in einem Beichtstuhl die vor allem innerhalb der katholischen Kirche allgemein geübte Praxis. Die Ohrenbeichte zeichnet sich in Hinsicht auf die unterstellte Individualisierung und Subjektivierung mehrfach aus:

Gegenüber dem öffentlichen Schuldbekenntnis vor der Gemeinde mit seiner besonderen Aufmerksamkeit für die schuldhaften Handlungen und die Art der Satisfaktion erlaubt sie dem Einzelnen das Bekenntnis von Schuld in dem geschützten Raum des Beichtstuhls, wobei der Hauptakzent des gesamten Bekenntnisses nun auf den Intentionen des Bekennenden sowie auf dessen Bereitschaft zum mündlichen Bekenntnis liegt. Der ursprüngliche Vorrang der äußeren Schwere der Tat sowie die sich an diese anschließenden drakonischen Satisfaktionsforderungen treten zurück vor dem mündlichen Bekenntnis, der die Reue vorangeht und die Absolution des Priesters folgt.[12]

Reue, Bekenntnisscham und mündliches Bekenntnis aktualisieren in besonderer Weise jene Empfehlung Jesu, zum Gebet nicht auf den Marktplatz und nicht in das Licht der Öffentlichkeit zu treten, sondern in eine Kammer zu gehen, wo nur der Priester als Vertreter der Öffentlich-

---

kehr und Versöhnung (=Gottesdienst der Kirche. Handbuch der Liturgiewissenschaft 7,2 Sakramentliche Feiern I/2) Regensburg 1992.

12 Ihre kirchenamtliche und theologische Deutung hat die Ohrenbeichte vor allem im Bußdekret des Konzils von Trient erhalten, das an einer Stelle (DH 1680) für einen lehramtlichen Text fast poetisch bemerkt: „Wenn sich nämlich der Kranke schämt, dem Arzt seine Wunde zu entblößen, so heilt die Arznei nicht, was sie nicht kennt.“ (= Hieronymus von Stridon, Commentarii in Ecclesiasten PL 23 (1865) 1152a.) Die Schamnot des Pönitenten wird sogar von diesem lehramtlich-juristischen Text nicht übersehen. Der nichtöffentliche Charakter der Beichte (z.B. in einem Beichtstuhl) soll dieser Not entsprechen. Zwar gehört der Beichtstuhl nicht zwingend zur Beichte als Sakrament, aber das Konzil von Trient legt großen Wert auf die „Geheimhaltung“ und ihren nichtöffentlichen Charakter (vgl. z.B. DH 1683, 1706).

keit das Gebet hört und sieht. Wo das Verhältnis zur eigenen Schuld im Bekenntnis der verborgenen Intentionen am intimsten und die Bekenntnisscham am größten, ist der Ort des Bekenntnisses durch das Halbdunkel vor fremden Blicken geschützt.
Entscheidend ist, daß mit der zunehmenden Verinnerlichung und Subjektivierung des Bekenntniszusammenhangs im Verlauf der Bußgeschichte das mündliche Bekenntnis ins Zentrum der Beichte rückt.

„Ist ein Sünder durch die Reue des Herzens und das Bekenntnis der Lippen zu Gott und der kirchlichen Gemeinschaft zurückgekehrt, ist das Entscheidende geschehen, so daß die Lossprechung von der Schuld schon jetzt erfolgen kann.“[13]

Gefördert wird dieses Bekenntnis durch eine Reihe von Techniken, die einen richtigen Umgang mit der Scham ermöglichen sollen, die in der Geschichte der Buße immer eine andere war[14]. Zur Illustration möchte ich kurz auf die Entwicklung des Beichtstuhls sowie das Beichtgeheimnis hinweisen.
Die Geschichte des Beichtstuhls ist auch und vor allem eine Geschichte zunehmender Verdunkelung. Wilhelm Schlombs, der eine knappe Übersicht über die Entwicklung des Beichtstuhls gibt, faßt diese zusammen:

„Die entscheidenden Stufen der Entwicklung sind klar erkennbar. Bei der seltenen Beichte des Mittelalters und der meist damit verbundenen feierlichen Rekonziliation vor dem Osterfest werden zunächst an den Beichtstuhl geringe Forderungen gestellt. Der Typ des vortridentinischen Beichtstuhls bietet dem Priester einen knappen Sitz mit kleiner Rückenlehne; der Pönitent hat seitlich von ihm einen schmalen Knieplatz. Der Beichtvater trägt das Almutium, einen weiten Überwurf mit Kapuze, der mit Pelz gefüttert ist. Dieser mag hin und wieder gegen Kälte geschützt haben; seine wesentliche Aufgabe war allerdings, dem Sündenbekenntnis jene menschliche Diskretion zu sichern, die später auf andere Weise zu erreichen versucht wurde. Als häufigere Beichte üblich wurde, fand das Beichtkind an der Seite des Beichtvaters einen Platz,

13 Hanspeter Heinz, Die Feier der Versöhnung, S. 20.
14 Es geht in der Reue immer gleichzeitig um ein richtiges Sich-schämen können, – müssen, – dürfen und letztlich Überwinden dieser Scham im mündlichen Bekenntnis.

der durch ein Gitter von ihm getrennt war, während ein mehr oder weniger geschlossenes Gehäuse für geziemende Absonderung und Diskretion des Sündenbekenntnisses sorgte."[15]

Daß ein Schuldbekenntnis nicht einfach und hier Hilfe nötig ist, liegt auf der Hand. Bei der Wahl der Hilfen wird im Zweifelsfall der diskreten Dunkelheit der Vorzug vor anderen Hilfen gegeben. Dies belegt ein interessantes Detail: solange es die Lichtverhältnisse in den Beichtstühlen des 16. und 17. Jahrhunderts noch erlaubten, fanden sich auf der Seite des Beichtenden kleine Tafeln, die Texte mit Hilfestellungen enthielten, so z.B. auf das Schuldbekenntnis vorbereitende Gebete. Als später aus Gründen der Diskretion die Beichtstühle immer dunkler wurden, wurden diese Tafeln durch ein Kreuz ersetzt, das im Halbdunkel noch als solches erkennbar war und den reuigen Sünder an den Kreuzestod Jesu als den Grund seiner Hoffnungen erinnerte.

Der Sinn all dieser Vorrichtungen ist klar und eindeutig. Das Halbdunkel und Zwielicht, das Gitter zwischen Beichtendem und Priester, Vorhänge und später geschlossene Türen sollten die Scham überwinden helfen und das Bekenntnis der Schuld ermöglichen. Die „Abschaffung der Helligkeit" ermöglicht nicht nur die innere Transparenz und Durchsichtigkeit der im Innern des Sünders verborgenen Motive, Absichten und Intentionen, sondern auch das mündliche Bekenntnis. Der Beichtstuhl ist ein „Schammöbel" und so „Entblößungs- und Verbergungsmöglichkeit" und in all dem Zeichen der Offenbarungs- und Verbergungslogik des Schuldbekenntnisses.

Was für die Geschichte des Beichtstuhls gilt, gilt in ähnlicher Weise für das Beichtgeheimnis. Vor allem der Soziologe Alois Hahn hat im Kontext seiner Analysen der Ohrenbeichte als „reflexiver Technik der Selbstthematisierung" auf das Beichtgeheimnis als eine freie Subjektivität ermöglichende Institution immer wieder hingewiesen.

---

15 Wilhelm Schlombs, Die Entwicklung des Beichtstuhls in der katholischen Kirche, Düsseldorf 1965, S. 76.

„Die eigentliche Pointe des Beichtgeheimnisses besteht eben darin, daß auf den ersten Blick einander ausschließende Techniken, nämlich Verhüllung und Enthüllung auf intime Weise miteinander verbunden sind. Nur weil ich darauf bauen kann, daß mein Schuldbekenntnis keine öffentlichen Sanktionen nach sich zieht, kann ich mir leisten, schonungslos offen über mich zu reden ... Im religiösen Kontext gibt es nun eine Technik, die Selbstenthüllung und Geheimnis systematisch in einer ‚stabilisierten Spannung‘ miteinander verbindet, eben die Ohrenbeichte.“[16]

Das Beichtgeheimnis konstituiert einen zur normalen Alltagswelt extraterritorialen und verborgenen Bereich und ermöglicht – so Hahn – damit das Schuldbekenntnis.[17]
Die Einsicht von Schuld setzt die Konzentration von Selbstprüfung und Gewissenserforschung voraus und darin den Willen zur inneren Transparenz und Selbstdurchsichtigkeit. Übernommen wird das als Schuld Eingesehene im mündlichen Bekenntnis, das die durch Umkehr und Gewissensprüfung gewonnene innere Transparenz nach außen wendet. Das mündliche Bekenntnis steht in der Mitte aller zur Buße notwendigen Akte und damit an dem Punkt, an dem sich der Bekennende nach der rückwärts gewandten Selbsterkenntnis und Reue für die in der Zukunft zu erwartende Vergebung Gottes öffnet.

16 Alois Hahn und Herbert Willems, Schuld und Bekenntnis in Beichte und Therapie, S. 316. Hahns Grundidee zur Deutung der Funktion der Beichte läßt sich wie folgt zusammenfassen: In der Beichte faßt der Bekennende unter der Perspektive der Schuld aus der unendlichen Fülle von Erlebnissen, Ereignissen seines Lebens die entscheidenden zusammen und erfährt in der Lossprechung die nachträgliche Sinnstiftung dieser Ordnung. Schuld wird für Hahn zu einem „Biographiegenerator“, die Beichte zur Möglichkeit, sich seine Biographie selektiv oder im ganzen zu vergegenwärtigen. Je nach Art und Umfang erlaubt die Beichte zudem die Aufmerksamkeit für den Zusammenhang der Gesamtbiographie als Horizont aller Handlungen. In der Generalbeichte – die zur Zeit der Gegenreformation üblich wurde – werden auch die schon vergebenen Sünden gebeichtet, so daß die ganze Schuldbiographie in den Blick kommt. Die Beichte ist damit – neben dem Tagebuch und der Psychotherapie – eine reflexive Technik der Selbstthematisierung und auf der Ebene der Biographieerzeugung allemal sinngebend, da sie eine verbindliche Festlegung des Subjekts auf seine Geschichte erlaubt.

17 Die im Beichtgeheimnis wirksame Dialektik von Vergessen und Erinnern hat folgende Notiz von Elias Canetti zum Thema: „Keiner, der sich einem anvertraut, erträgt, daß man etwas davon vergißt. Aber Beichtväter, heißt es, *sollen* vergessen.“ Ders., Aufzeichnungen 1992–1993, München 1996, S. 26.

Die die Scham überwindenden Hilfen (Halbdunkel des Beichtstuhls, das Beichtgeheimnis usw.) sollen das Bekenntnis ermöglichen und davor schützen, mehr zu sein als nur ein Bekenntnis der eigenen Schuld. Sie entsprechen damit dem Öffentlichkeitsvorbehalt, das jedes Bekenntnis ermöglicht und trägt. Ein Vergleich des Films von Wolfgang Panzer und der Erzählung „Der Fall" von Albert Camus soll diese Einsicht weiter verdeutlichen.

4. Eine (fast) heilige Gleichgültigkeit

Neben dem Beichtstuhl und dem Beichtgeheimnis sind es vor allem das Recht auf die Beichte und die Zufälligkeit des Beichtvaters, die die Lauterkeit des mündlichen Bekenntnisses ermöglichen sollen.

> „Sie haben kein Recht, einen Menschen zurückzuweisen, der seine Sünden bereuen will. Ich weiß das, ich bin selbst ein Priester."

Mit diesen Worten beginnt die Beichte von Fried, als Father Mulligan ihn aus Termingründen aus dem Beichtstuhl schicken möchte. Fried hat ein Recht auf die Beichte; sie ist ihm keine mühselige Last, sondern eine Selbstverständlichkeit, auf die er nicht verzichten möchte. Daß es gerade der amtsmüde Mulligan ist, vor dem er seine Beichte ablegt, spielt für Fried keine Rolle. Für ihn kann jeder beliebige Priester die Beichte abnehmen. Auch Mulligan weiß, daß es nicht auf ihn ankommt und bemerkt an einer Stelle:

> „Es ist ihnen klar. In jeder Beichte sprechen Sie mit Gott. Leider sprechen Sie auch mit mir."

Als er auf die lange Geschichte seines Ordens hinweist, um den Zweck seiner Reise zu erläutern, ermahnt ihn der Beichtvater zur Kürze, worauf ihn Fried wiederum an sein Recht erinnert:

> „Die Beichte ist die freiwillige Selbstbezichtigung der eigenen Sünden. Sie müssen es mir überlassen, was ich erzähle und wie ich es erzähle."

Schlicht, klar, bestimmt und in etwas ungelenkem Englisch beichtet Fried die Geschichte seiner Reise. Dies geschieht ganz ohne Betonungen, nichts wird sonderlich hervorgehoben, eine Begebenheit reiht sich an die andere, bis die Geschichte an ihr natürliches Ende kommt.

Fried möchte nicht als irgendwer erscheinen, er möchte seine Schuld nicht kleiner machen und sei es dadurch, daß er sie vergrößert. Er stellt die Sache dar und hält sie hin, wie sie ist. Father Mulligan fragt gelegentlich behutsam nach, interveniert nicht, hört lediglich zu.

Ashaela, die Afro-Amerikanerin, die Fried auf seiner Reise begleitet, überrascht ihn im Hotelzimmer, als er sein Morgengebet verrichtet. Ob er sich da geschämt habe, möchte Mulligan wissen und Fried gibt zu: Ja, ein wenig, aber für seine Begleiterin wäre es gewesen, als ob er sich die Zähne putzen würde.

Ashaela weiß, daß sie bald sterben wird, und es ist ihre letzte Reise. Im Flugzeug stiehlt sie Fried die Brieftasche, besinnt sich jedoch und hilft ihm, seine Mission zu erfüllen, ohne zunächst den Diebstahl einzugestehen. Fried ist naiv, hilflos und die Gespräche mit der lebenslustigen Ashaela im Schutz eines Zugabteils, in einem Auto allein in der Wüste, unter einem Moskitonetz oder im kargen Zimmer einer Herberge handeln von Zweifel, Glaube, Liebe und Tod und werden gelegentlich zu Beichten und Bekenntnissen.

Fried reiht Begebenheit an Begebenheit, und es fällt schwer zu entscheiden, was ihm die ärgste Verschuldung scheint. Er teilt mit Ashaela das Hotelzimmer, schläft schließlich mit ihr und nach ihrem Tod erfüllt er ihr ihren letzten Wunsch und verbrennt ihren Leichnam am Strand. Fried stellt diese Vergehen ruhig dar und erst als er erzählt, daß er einen Hindu schamlos in seinem Gebet gestört hat, schließt er prinzipielle Aussagen an.

„*Fried:* Mir wurde auf einmal klar, wie gemein ich mit diesem Mann umgegangen war. Ich hatte ihn in seinem Gebet unterbrochen, hatte jeden menschlichen Respekt verloren. Wie konnte ich nur so tief sinken?
Mulligan: Ihr Auftrag war in Gefahr? Was hätten Sie tun sollen?
Fried: Es war reine Gier. Es ging mir nur noch darum, diese Frau zu finden, um mit ihrer Unterschrift zurückzukommen.

Mulligan: Und wenn nicht, hätten die anderen Brüder Sie ausgelacht.
Fried: Aber das gab mir doch nicht das Recht, so rücksichtslos zu sein.
Mulligan: Seien Sie doch nicht so pingelig.
Fried: Hören Sie zu! Wissen Sie, warum ich in diesen strengen Orden eingetreten bin, in dem man sich nichts vormachen kann?
Weil ich ein klares Leben führen wollte.
Weil ich Schluß machen wollte mit der Gier, den Lügen und den Heucheleien.
Ich wollte ein Leben, das frei ist, von menschlichen Schwächen, die anderen nur Leid zufügen.
Ich wollte aufhören, eine Rolle zu spielen.
Ich wollte ehrlich sein mit mir selbst.
Aufhören zu behaupten: Seht, seht, was für ein edler, guter Mensch ich bin!
Ja, ein armer, elender Wurm war ich.
Und ich wollte nicht mehr dieser Wurm sein.
Ich war sicher, es geschafft zu haben und auf einmal sah ich mich da oben und war wieder dieser elende, jämmerliche Wurm."

Es gibt viele Gründe, in diesen Aussagen Frieds das zentrale Stück, ja den Fluchtpunkt des ganzen Films zu sehen. Das Gebet, das innige und intime Verhältnis zwischen Gott und dem Beter ist das höchste Gut. Dieses Verhältnis zu stören, ist eine Gemeinheit und Schamlosigkeit und letzte Konsequenz einer Odyssee, die die Abgeschiedenheit des Klosters vergißt und nur interessiert ist, ein äußeres Ziel zu erreichen und sei es den Erhalt des Klosters selbst.

Daß in all dem der Zuschauer zum Zeugen einer Beichte wird, die eigentlich nicht für ihn bestimmt ist und die er unrechtmäßig sieht, müßte alles Gesagte in Frage stellen, aber an keiner Stelle wird die beabsichtigte Dialektik von Offenbaren und Verhüllen zum Voyeurismus hin unterbrochen.[18]

---

18 Der ganze Film beherrscht die Dialektik von Verbergen und Enthüllung bis in die darstellerischen Mittel hinein und verhindert so jeden Voyeurismus: Die Rahmenhandlung, die Frieds Leben im Kloster andeutet und seine Beichte enthält, wurde auf 35mm Film gedreht und vermittelt die Ruhe und Abgeschiedenheit innerhalb des Klosters, aber eben auch seine ruhige Suche nach Klarheit während der Beichte vor Father Mulligan. Über Frieds Leben im Kloster erfährt der Zuschauer nichts, die wenigen einleitenden Filmsequenzen zeigen einen Mönch von hinten, ins Abschreiben vertieft, dessen Gesicht im Kloster durch die Kapuze verdeckt ist. In der Beichte ist Frieds Gesicht durch das Beichtgitter schamhaft verdeckt. Frieds Abenteuer, seine Reise mit Ashaela durch Asien, der bunte, chaotische und quirlig-

Für die Beichte von Fried gilt das, was für jedes Gebet gilt, daß es Umweg zu sich ist, aber von Gott her. Fried stellt seine Schuld hin und überläßt es Gott, daraus etwas zu machen. Das „gebrochene Schweigen" im Bekenntnis ist jener Umkehrpunkt, von wo aus der weitere Verlauf Gott anheimgestellt werden kann. Das Bekenntnis ist jene Sprachgestalt, die von Gott her kommend ermöglicht, daß der Beter sich neu von Gott empfängt. Die Innenseite des Bekenntnisses ist die Reue, die nur indirekt erschlossen werden kann: an der Form der Sprache – klar, nicht geschwätzig – und an den Folgen.
Father Mulligan, Frieds zufälliger, amtsmüder Beichtvater bittet Fried am Ende der Beichte noch einen Tag zu bleiben und ihm seinerseits die Beichte abzunehmen.

5. Dem anderen den Spiegel vorhalten

„Darf ich es wagen, Monsieur, Ihnen meine Dienste anzubieten, ohne Ihnen lästig zu fallen." (5)[19]. So beginnt die Erzählung „Der Fall" von Albert Camus. Ein namenloser Pariser Tourist macht im dunklen Hinterzimmer einer Amsterdamer Matrosenbar die Bekanntschaft eines ehemaligen Rechtsanwalts, Johannes Clamans.

„Ich bin leider ein redseliger Mensch und schließe leicht Freundschaft, wobei mir, obwohl ich den gehörigen Abstand zu wahren weiß, jede Gelegenheit recht ist." (7)

Clamans[20] stellt sich dem Touristen als ‚Buß-Richter' vor und erzählt

---

lebendige Alltag Südostasiens sind ihm ein Ort der Unklarheit und des Chaos. Die Szenen dieser Reise sind auf Video H8 gedreht und später auf 35mm übertragen worden und vermitteln so durch die Unruhe der Bilder die Unruhe Frieds.

19 Die Angaben der Seitenzahlen in Klammern beziehen sich auf Albert Camus, Der Fall (Übers. Guido Meister), Hamburg 1981.

20 Der Name Johannes Clamans zeigt einen klaren Bezug zur Figur Johannes des Täufers: vox clamantis in deserto (Lk 3,4; Mt 3,3). Dieser Hinweis findet sich bei Klaus Bahners, Albert Camus. Der Fremde. Der Fall, Hollfeld 1996, S. 63. Für unseren Zusammenhang ist interessant, daß die Wüste der Ort des einsamen und abgeschiedenen Gebets ist.

ihm seine Geschichte. Als Clamans als einziger den Tod einer Frau hätte verhindern können, verweigert er sich. Unter der Last dieser Schuld, ohne Glauben an Gott und aus Angst vor dem Richtspruch der Mitmenschen legt Clamans künftig vor zufälligen Bekanntschaften abend für abend eine Beichte und Busse ab. „Je mehr ich mich anklage, desto mehr habe ich das Recht euch zu verurteilen.“ ist Clamans letzte Hoffnung und so schließt die Geschichte mit der Bemerkung Clamans’:

„Die Anklagerede ist zu Ende. Im selben Augenblick wird das den Mitmenschen vorgehaltene Porträt zum Spiegel“ (115).

Die Erzählung „Der Fall“ von Camus ist ein großartiges Lehrstück über die Logik des Schuldbekenntnisses[21] und die Dialektik von Offenbaren und Verhüllen, die jedes Bekenntnis begleitet. Diese Erzählung liest sich in vielen Passagen und Motiven wie ein Negativ zum Film „The broken silence“ und erhellt das bisher Gesagte aus umgekehrter Perspektive.

Ist Fried Adelphi ein Mann der Einsamkeit und des Klosters, so ist Johannes Clamans eine durch und durch öffentliche Person. Er ist ein selbstgefälliger und opportuner Pariser Staranwalt, genießt die Achtung seiner Klienten, freut sich an der öffentlichen Anerkennung seiner Arbeit und Wohltaten. Ganz und gar öffentliche Figur, ästhetische Existenz im Sinne Sören Kierkegaards, lebt er von seinen Mitmenschen unberührbar in einem schwebenden Zustand höflicher Oberflächlichkeit, in dem ihm nichts zu Herzen geht, er sich nicht erinnert und an ihm alles abgleitet.

„Wenn ich mich von einem Blinden trennte, den ich sicher auf die andere Straßenseite geleitet hatte, lüftete ich den Hut. Dieser Gruß galt natürlich nicht ihm, er konnte ihn ja nicht sehen. Wem also galt er dann? Dem Publikum. Nach der Vorstellung die Verbeugung. Nicht übel, wie?“ (41)

---

21 Nachfolgende Überlegungen stützten sich vor allem auf einige Beobachtungen von Josef Blank, Am Rande des Kontinents oder Die spätbürgerliche Hölle. Zur Interpretation von A. Camus’ „Der Fall“, in: Ders. (Hg.), Der Mensch am Ende der Moral. Dargestellt am Beispiel neuer Literatur, Düsseldorf 1971, 9–33. Zur reichen Interpretationsgeschichte von „Der Fall“ siehe vor allem Martina Yadel, LA CHUTE von Albert Camus. Ansätze zu einer Interpretation, Bonn 1984.

Die Identität Clamans' wird einzig durch das äußere Ansehen, den guten Schein begründet und sein Selbstbild kommt schließlich ins Wanken, als mehrere beschämende Situationen ihn auf seine innerlich leere Existenz zurückwerfen. An dieser Stelle führt Camus das Schammotiv ein, das auf die entscheidende Verfehlung im Leben des Clamans hinführt: Ein Lachen im Rücken, dessen Ursprung sich nicht identifizieren läßt (34) und sich im Innern festsetzt (37), eine peinliche Ohrfeige im Straßenverkehr (45), die er nicht vergessen kann, schließlich ein Versagen im Zusammensein mit einer Frau, ein Ungenügen, von dem er ein paar Wochen später erfuhr, daß sie es einer „Drittperson" verraten hatte (54).
Schließlich kommt er auf jenes Ereignis zu sprechen, daß sich zwei, drei Jahre nach jenem ersten Lachen im Mittelpunkt seines Gedächtnisses festgesetzt hat. Er kommt einer Frau, die in der Seine Selbstmord begeht, nicht zu Hilfe.

„Wenn ich an jenen Abschnitt meines Lebens denke, da ich alles forderte und selbst nichts dafür zahlte, da ich so viele Menschen in meinen Dienst nahm, sie gewissermaßen auf Eis legte, um sie nach Lust und Laune zu gegebener Zeit bei der Hand zu haben, beschleicht mich ein eigenartiges Gefühl, das ich nicht richtig zu benennen weiß. Sollte es am Ende Scham sein? Sagen Sie mir, Verehrtester, ist die Scham nicht ein Gefühl, das ein bißchen brennt? Wirklich? Dann ist es wahrscheinlich Scham oder irgendeines jener lächerlichen Gefühle, die mit der Ehre zusammenhängen. Wie dem auch sei, mir will scheinen, dieses Gefühl habe mich nie mehr verlassen, seit ich im Mittelpunkt meines Gedächtnisses jenes Erlebnis wiederfand, dessen Bericht ich nun nicht länger hinauszuschieben vermag ..." (58).

Wie Fried Adelphi legt Joseph Clamans seine Beichte vor einem zufälligen Zeugen ab. Es kommt nicht darauf an, wer Zeuge dieser Beichte wird, nur daß einer da ist, ist entscheidend. Ort der Beichte ist zunächst das Zwielicht eines Hinterzimmers einer Kneipe in Amsterdam, später andere dunkle und halbdunkle Orte. Wie der Zuschauer im Film von Wolfgang Panzer so wird der Leser der Erzählung als Zeuge in eine Beichte hineingezogen, die dieses Mal jedoch in verstrickender Weise für ihn bestimmt ist. Die Dialektik von Verbergen und Enthüllen wird damit auch hier auf die Ebene der Rezeption des Textes überhaupt gehoben.

Die Beichte des Clamans ist redselig und abschweifend und führt ihn und den Touristen umtriebig an verschiedene Orte. Clamans legt seine Beichte in einer Hafenkneipe ab, später in seinem Haus, das er „mein Unterschlupf" nennt. Unruhe, Getriebensein, Unbehaustheit und vor allem unbestimmt-unheimliche Lichtverhältnisse sind die vorherrschenden Stimmungen.[22]

Clamans glaubt nicht an die Möglichkeit der Vergebung. Umso mehr glaubt er an die Neigung seiner Mitmenschen, keine Gelegenheit zum Richten auszulassen. Die einzige Möglichkeit dem Richtspruch seiner Mitmenschen zu entkommen, ist das Bekenntnis der Schuld[23], das diesem Richtspruch zuvorkommt. Ein Schuldbekenntnis, das den Spiegel erzeugt, in dem der andere sich als Schuldigen, als Komplizen erkennt.

> „Da es unmöglich war, die anderen zu verurteilen, ohne sich selbst allsogleich mitzurichten, mußte man sich selbst mit Anklagen überhäufen, um das Recht zu erlangen die anderen zu richten. Da jeder Richter eines Tages zum Büßer wird, mußte man einfach den umgekehrten Weg einschlagen und den Beruf des Büßers ergreifen, um eines Tages zum Richter werden zu können" (129).

Ohne Schwierigkeiten läßt sich die Beichte des Clamans als ‚perverse' Generalbeichte deuten. Er berichtet den Gesamtzusammenhang seines Lebens in der Fokussierung seiner prinzipiellen Gleichgültigkeit und die

---

22 „Schauen Sie: zur Linken ein Aschenhaufen, den man hierzulande eine Düne nennt, zur Rechten der graue Deich, zu unseren Füßen der fahle Strand und vor uns das Meer von der Farbe einer dünnen Lauge und der weite Himmel, in dem sich das bleiche Wasser spiegelt" (69). Blank erinnert angesichts der hier beschriebenen „negativen Landschaft" an Camus' Faszination für den „Midi", diese „im Sinne von Camus ausgesprochen positive Landschaft, in der höchste Sinnerfülltheit und äußerste geistige Spannung ihre gegenwärtige Transparenz erfahren". Blank, Der Mensch, S. 12.

23 Das Erste ist, das Wohlwollen des zufälligen Gastes zu finden. Dass Clamans ehemals redegewandter Anwalt war, ist nicht zufällig. „*Rhetorisch-literarisch* gesehen stellt die Confessio ein Wirkungsmittel der Rede dar. Sie hat den Zweck des *benevolum parare*, der Erregung des Wohlwollen dessen, an den die Rede gerichtet ist … Schließlich dient die Confessio am Anfang der Rede auch noch als psychologisches Mittel, als listige Verstellung …, als Scheinbekenntnis, auch etwa in Form eines Witzes, durch den der Zuhörer auf eine falsche Fährte gelockt oder abgelenkt werden soll." Siehe W. Magaß, F.-H. Robling, Art. Confessio, in: Historisches Wörterbuch der Rhetorik, Bd. 2, Darmstadt, 1994, 348–350, hier: 349.

Verweigerung der Entscheidung, der Frau zur Hilfe zu kommen. Fried erzählt die Begebenheiten an der objektiven Chronologie seines Ordens und den Begebenheiten der Reise entlang, ungelenkt, ruhig und erst als er auf die Störung des betenden Hindu kommt, wird er grundsätzlich und ausführlich.

Wie die Beichte vor Gott den zuhörenden „Dritten“ voraussetzt, ohne den ein mündliches Bekenntnis nicht möglich ist, funktioniert die Umkehrung und Verkehrung des Bekenntnissinns in der Darstellung von Camus nur, wenn das Bekenntnis vor jeweils einem, unter Ausschluß einer größeren Öffentlichkeit abgelegt wird. Dennoch ist diese für Clamans eine „öffentliche Beichte“, denn es kommt alles darauf an, „sooft es nur angeht der öffentlichen Beichte zu obliegen“ (130). Es ist dies eine unglaubliche List, da die Wirkung öffentlicher Schuldbekenntnisse ja in dieselbe von Clamans intendierte Richtung geht,[24] wenngleich bei weitem ohne die hier beabsichtigte Intensität. Clamans möchte den Zeugen und Komplizen seiner Beichte in die Aporie der Schuldanerkenntnis stürzen, die nur durch den Spiegel entsteht, den Clamans durch seine Beichte produziert. Dieser Spiegel soll wirklich Gottes Stelle besetzen, denn: Nicht die Vergebung Gottes wird mehr erwartet, sondern die Einsicht des Gegenübers, Komplize der Schuld zu sein.

Alle müssen zu Komplizen[25] gemacht werden und so bleibt nur die negative Unendlichkeit und Unruhe eines immer wiederkehrenden Bekenntnisses vor dem Nächstbesten, das in der Person des Clamans auch von der verzweifelten Hoffnung getragen ist, in seinen Gesprächspartnern

---

24 Zur Logik öffentlicher Schuldbekenntnisse vgl. vor allem Klaus Michael Kodalle, Verzeihung nach Wendezeiten? Über Unnachsichtigkeit und mißlingende Selbstentschuldung, Erlangen und Jena 1994. Kodalle erinnert hier u.a. an Karl Jaspers Analysen des öffentlichen Schuldbekenntnisses: „Im Sich-Selbstbloßstellen liegt ein Angriff auf die Anderen, die es nicht tun.“ Und: „Es ist ein Zug von Aggressivität in solchem Bekennen.“ Karl Jaspers, Die Schuldfrage, Heidelberg 1946, S.93.

25 Josef Blank stellt einen Zusammenhang her zwischen dem deutschen Wort „Komplize“ und dem französischen „complicité“, d.i. Einverständnis. Verstrickend ist vor allem das „komplizierte“ Bekenntnis, wie es zweifellos für Clamans zutrifft, der viele Worte macht. Das Bekenntnis von Fried hingegen ist einfach, nicht kompliziert und nicht verstrickend.

irgendwann auf einen (weltlichen) Richter zu treffen, der ihn für seine Vergehen zur Rechenschaft zieht.

6. Der Unterschied von Erklären und Bekennen

„Erkläre nichts. Stell es hin. Sag's. Verschwinde", so lautet der Aphorismus von Elias Canetti, der diesem Text vorangestellt ist. Ich weiß nicht, ob sich diese Notiz auf Bekenntnis von Schuld bezieht, auszuschließen ist es jedenfalls nicht[26], und es schien hilfreich, von ihr aus, die Logik des Bekenntnisses der Schuld vor Gott zu erschließen.

Inhalt dieses Bekenntnisses ist zunächst ganz schlicht die Wiederholung dessen, was als schuldhaftes Handeln zurückliegt. Die Schuld bringt mich mit mir selbst in Widerspruch und macht mich mir selbst unverständlich, und so gilt es zunächst, diesen belastenden Zusammenhang zu wiederholen, um ihn von der Liebe Gottes und seiner Vergebung her verwandelt zurückzuerhalten.[27]

Das Bekenntnis ist Verzicht auf Erklärungen und Überzeugungsversuche. Es ist reines Hinstellen und unterscheidet sich damit deutlich von philosophischem und therapeutischem Gespräch. Es ist das Hinstellen des Gesagten als Schuld und im mündlichen Bekenntnis wird das, was ich bekenne, allererst als Schuld wirklich und im (verborgenen) Innern als Schuld übernommen[28]. Das aber heißt auch, daß das Bekenntnis nur

26 Ein weiterer Aphorismus derselben Sammlung: „Versuche, *nicht* zu urteilen. Stelle dar. Es gibt nichts Ekleres als die Verurteilung. Sie ist immer so oder so und immer ist sie falsch. Wer weiß denn genug, um irgendwen zu verurteilen? Wer ist dazu eigennützig genug?" (Canetti, Geheimherz, 142) Wir können nur darstellen. Zu richten oder uns selbst durch die Darstellung zu entschuldigen, ist unsere Sache nicht.

27 Ohne hier dem Irrtum zu erliegen, so etwas wie deutungsfreies Wiederholen sei möglich, so läßt sich eine schlicht rekapitulierende Erzählung doch von dem unterscheiden, was mit besonderen Betonungen, Urteilen, Hervorhebungen oder in besonders geschliffener und weitschweifiger Rede daherkommt. Erinnern wir uns an Frieds Aussage: „Die Beichte ist die freiwillige Selbstbezichtigung der eigenen Sünden. Sie müssen es mir überlassen, was ich erzähle und wie ich es erzähle."

28 Die Analysen von Foucault, Hadot und Hahn haben in verschiedener Weise zu Recht die Bedeutung des Schuldbekenntnisses für das Selbstverhältnis menschli-

dort ein wirkliches Bekenntnis ist, wo es in fast heiliger Gleichgültigkeit und lakonischer Absichtslosigkeit bekannt wird und nichts will außer das Bekenntnis.

Wo das Bekenntnis anfängt zu schielen und auf Wirkung aus ist, wird es ausführlich, kommt es in die Schräglagen der Öffentlichkeit. Hier beginnt die Heuchelei, das falsche Werben um Wohlwollen und der Versuch, den anderen seiner Schuld zu überführen, in der Hoffnung, die eigene würde kleiner.

Wir haben bei Clamans gesehen, daß nach dem Ausfall der Hoffnung auf Absolution und ohne den Widerhalt in echter Reue die Entschuldung allein in dem Bekenntnis geleistet werden muß. Auf verkehrte Weise wird hier der Unterschied von Erklären und Bekenntnis deutlich, denn noch in dem Bekenntnis schlummert verborgen jener Geist des Rechthabens und Überzeugenwollens, der dem Erklären eigen ist, jener Rechtfertigungszwang doch noch im Bekenntnis dieses zu pervertieren. Unter anderem dies wollte Camus wohl durch sein Lehrstück zeigen.

Fried, für den die gütige Gegenwart Gottes die größte Selbstverständlichkeit ist, hält Gott im Bekenntnis alles hin, legt es ihm vor, gleichmütig naiv, fast in kindlicher Unschuld. Reue muß hier nicht eigentlich, nicht existentiell Thema werden, sie wird in die Selbstverständlichkeit des Bekenntnisses hineingezogen, in das „gebrochene Schweigen", das im Halbdunkel des Beichtstuhls die Rückkehr in die Einsamkeit der Kartause einleitet. An keiner Stelle versucht Fried, den Beichtvater Mulligan in seine Schuld zu verstricken, ihm persönliche (verstrickende) Stellungnahmen zu entlocken und Äußerungen, die die eigene Verschul-

---

cher Freiheit und darin für die Geschichte der Entdeckung von Individualität und Subjektivität herausgestellt. Die Eigenart des christlichen Schuldbekenntnisses ist ihnen indes verborgen geblieben. Es geht im Bekenntnis nicht primärerweise um die lebenspraktische Ordnung des Lebens unter einem theoretischen Kriterium (und sei es das Kriterium Schuld), sondern um die Qualifizierung des Vorgetragenen als Schuld in und durch das mündliche Bekenntnis, was den wie auch immer geordneten Bekenntnisinhalt zweitrangig werden läßt. „Ich habe gesündigt gegen den Himmel und vor dir" lautet in äußerster Verknappung das Schuldbekenntnis im Gleichnis vom barmherzigen Vater (Lk 15,21), das auf weitere Erklärungen und Einzelheiten verzichtet. Der Bekennende empfängt sich von Gott her (als Einheit) wieder, wofür allein das mündliche Bekenntnis Voraussetzung ist.

dung verkleinern. Die Schuldgeschichte Mulligans ist ihm im menschlichsten aller Sinne „egal“ und „gleichgültig“, da es an ihm ist, seine Beichte abzulegen. Daß Mulligan seinerseits ein Schuldbekenntnis ablegen möchte, den Mut zum Bekenntnis zusammenbringt, ist eine Folge, die nicht gewollt und beabsichtigt ist. Es ist die völlige Absichtslosigkeit im Bekenntnis Frieds, die in Mulligan seinerseits die Reue und damit das Bedürfnis nach Bekenntnis hervorruft.

Der christliche Glaube ist reich an Verheißungen und Hoffnungsbildern. Eine dieser Verheißungen geht auf jene Angst ein, auf die die zunehmende Verdunklung von Beichtstühlen eine Antwort war: die Angst beschämt zu werden. An zentraler Stelle im Brief an die Römer (5,4) erinnert Paulus daran, daß Gott unsere Hoffnungen nicht beschämen wird[29]. Die Scham steht ebenso am Anfang des durch den Sündenfall gestörten Gottesverhältnisses (Adam und Eva erkennen ihre Nacktheit als beschämend; Kain senkt den Blick bei seinem Opfer), wie wir die uns verheißene visio beatifica, das Aug in Aug vor Gott, als ein nicht mehr beschämendes Gegenüber vorstellen dürfen, das auf jedes Halbdunkel verzichten kann. Vor allem in 1 Kor 13,12 wird diese Erfahrung als ein ungetrübtes Erkennen Gottes beschrieben, in dem wir selbst im Erkennen Gottes erkannt werden.

Irgendwo dazwischen liegen die Lebens-, Gebets- und Bekenntnisgeschichten und all jene Versuche, darin ein rechtes Verhältnis zur Gebets- und Bekenntnisscham zu finden. Christliches Leben ist Leben zwischen dem richtigen Sich-schämen-Können (auch und vor allem im Gebet) und jenem befreienden, jene neue Unschuld symbolisierenden Sich-nicht-mehr-schämen-Müssens, das am Ende zusammenfällt mit einer jede Scham überwindenden Transparenz im liebenden göttlichen Blick und alles offenbarenden Licht.

---

29 Die Jerusalemer Bibel übersetzt diesen Vers mit „Die Hoffnung aber läßt nicht zuschanden werden ...“. Daß es sich hier um eine Hoffnung handelt, die nicht beschämt wird, betont Sören Kierkegaard. Ders. Der Liebe Tun, Düsseldorf, o.J., S. 289.